Bibliografische Information der Deutschen Nationalbibliothek:

Die Deutsche Bibliothek verzeichnet diese Publikation in der Deutschen Nationalbibliografie; detaillierte bibliografische Daten sind im Internet über http://dnb.d-nb.de/ abrufbar.

Impressum:

Copyright © 2011 GRIN Verlag, Open Publishing GmbH
Druck und Bindung: Books on Demand GmbH, Norderstedt Germany
ISBN: 978-3-668-13977-0

Dieses Buch bei GRIN:

http://www.grin.com/de/e-book/282902/die-dienstleistungen-des-cloud-computing-und-seine-technischen-grundlagen

Frederik Geier

Die Dienstleistungen des Cloud Computing und seine technischen Grundlagen

GRIN Verlag

Die Dienstleistungen des Cloud Computing und seine technischen Grundlagen

Frederik Geier

Inhaltsverzeichnis

Abkürzungsverzeichnis

ASP .... Engl.: application service provider
CIP .... Eng.: continuous improvement process
CRM .... Kundenbeziehungsmanagement (engl.: customer relationship management)
DSL .... Engl.: digital subscriber line
ERP .... Engl.: enterprise resource planning
GB .... Engl.: Gigabyte
HTTP .... Engl.: hypertext transfer protocol
HTTPS .... Engl.: hypertext transfer protocol secure
IaaS .... Engl.: Infrastructure as a Service
IBM .... International Business Machines Corporation
IT .... Informationstechnik (engl.: information technology)
KVP .... Kontinuierlicher Verbesserungsprozess
KVM .... Kontinuierliches Verbesserungsmanagement
LAN .... Lokales Netzwerk (engl.: local area network)
NIST .... National Institute of Standards and Technology (USA)
PaaS .... Engl.: Platform as a Service
PDA .... Engl.: personal digital assistant
PDCA .... Engl.: Plan, Do, Check, Act
RFID .... Engl.: radio-frequency identification
SaaS .... Engl.: Software as a Service
SAN .... Engl.: storage area network
SLA .... Service Level Agreement
SOA .... Serviceorientierte Architekturen (engl.: service-oriented architecture)
SSD .... Engl.: solid state disk
StaaS .... Engl.: Storage as a Service
TB .... Engl.:Terabyte
TCO .... Engl.: Total Cost of Ownership
UML .... Engl.: Unified Modeling Language
VM .... Virtuelle Maschine (engl.: virtual machine)
VMM .... Engl.: virtual machine manager
VPN .... Virtuelles privates Netz (engl.: virtual private network)
WSDL .... Engl.: Web Service Description Language
WSLA .... Engl.: Web Service Level Agreement
XML .... Engl.: extensible markup language

Glossar

Application Service Provider:

„Dienstleistungsanbieter ..., bei denen Anwendungsprogramme über das Internet durch die Anwender für eine bestimmte Zeit gemietet werden können. Die Anwendungen werden vom Server des A. S. P. [hier als Abkürzung für Application Service Provider] aus gestartet (Client-/Server-Architektur). Einnahmen generiert der A. S. P. durch zeitabhängige Gebühren, die für den Zugriff auf die Software berechnet werden."[1]

Benutzerservice:

„Betreuung der Benutzer im Umgang mit Anwendungssystemen, insbesondere Officepaketen und dem Internet".[2]

Betriebssystemvirtualisierung:

Hierbei werden von einem Betriebssystem mehrere unabhängige virtuelle Instanzen erstellt. Dabei verwenden alle Instanzen das gleiche Basisbetriebssystem. Dadurch wird sowohl die Art der installierbaren Anwendungssoftware, aber auch die Betriebssysteme, die installiert werden können, eingeschränkt.[3]

Business Continuity:

„Alle organisatorischen, technischen und personellen Maßnahmen, die a) zur Fortführung der Kerngeschäfte unmittelbar nach Eintritt des Krisenfalles und b) zur sukzessiven Wiederaufnahme des gesamten Geschäftsbetriebs bei länger andauernden schweren Störungen dienen." [4]

Datenintegrität:

In „der Datenbankorganisation (Datenorganisation) die Korrektheit der gespeicherten Daten im Sinn einer widerspruchsfreien und vollständigen Abbildung der relevanten Aspekte des erfassten Realitätsausschnitts."[5]

Entwicklungsumgebung: Eine Anwendung zur Entwicklung von Software.

---

[1] *Alisch, Katrin/Arentzen, Ute/Winter, Eggert (Hrsg.)*, Gabler Wirtschaftslexikon, Gabler Verlag, Wiesbaden, 16. Aufl. 2004, Band A-Be, S. 143.

[2] Vgl. *Stahlknecht, Peter/Hasenkamp, Ullrich*, Einführung in die Wirtschaftsinformatik, Springer, Berlin und Heidelberg, 11. Aufl. 2005, S. 449.

[3] Siehe *Krcmar, Helmut*, Informationsmanagement, Springer-Verlag, Berlin und Heidelberg, 5. Aufl. 2010, S. 318 und *Shields, Greg*, Der schnelle Weg zur Wahl der richtigen Virtualisierungslösung, http://www.parallels.com/r/pdfs/vz/ebook/SGSRVS-DE.pdf (2010-08-03, 17:20 MEZ), S. 5-6.

[4] *Gabler Verlag (Hrsg.)*, Gabler Wirtschaftslexikon, Stichwort: Business Continuity, Version 5, http://wirtschaftslexikon.gabler.de/Definition/business-continuity.html (2011-02-22, 11:53 MEZ).

[5] *Alisch, Katrin/Arentzen, Ute/Winter, Eggert (Hrsg.)*, Gabler Wirtschaftslexikon, Gabler Verlag, Wiesbaden, 16. Aufl. 2004, Band Bf-E, S. 653.

Extensible Markup Language:

Extensible Markup Language (XML) ist eine Auszeichnungssprache, mit der Daten in hierarchisch strukturierten Form abgebildet werden. XML ist plattform- und programmiersprachenunabhängig und wird zum Austausch von Daten zwischen Computersystemen eingesetzt.

Funktionale Anforderungen:

Begriff aus dem Software Engineering. Nach Sommerville sind dies „Aussagen, zu den Diensten, die das [zu planende] System leisten sollte, zur Reaktion des Systems auf bestimmte Eingaben und zum Verhalten des Systems in bestimmten Situationen. In manchen Fällen können die funktionalen Anforderungen auch explizit ausdrücken, was das System nicht tun soll.“[6]

Hypervisor:

Eine Virtualisierungssoftware, die in einer isolierten, virtuellen Umgebung, die man virtuelle Maschine nennt, die Hardware eines Rechners zur Verfügung stellt. Dies kann entweder durch die Emulation der Hardware oder durch die Virtualisierung der realen Hardware geschehen.

IT-Verteilung:

Festlegung der informationstechnischen, räumlichen bzw. geografischen und organisatorischen Verteilung von IT-Ressourcen.[7]

Konsolidierung von IT-Infrastrukturen:

Das Ziel der Konsolidierung ist es, die Kosten der IT-Infrastrukturen zu senken. Man kann zwischen vier Teilaspekten unterscheiden:

- Harmonisierung und Standardisierung von Hard- und Software
- Virtualisierung von Hard- und Software
- Zusammenfassung von verteilten Rechenzentren
- Outsourcing von Teilen der IT-Infrastruktur

[6] *Sommerville, Ian*, Software Engineering, Pearson Studium, München, 8. Aufl. 2007, S. 152.

[7] Vgl. *Stahlknecht, Peter/Hasenkamp, Ullrich*, Einführung in die Wirtschaftsinformatik, Springer, Berlin und Heidelberg, 11. Aufl. 2005, S. 440.

Nichtfunktionale Anforderungen:

Begriff aus dem Software Engineering. Nach Sommerville sind dies „Beschränkungen der durch das [zu planende] System angebotenen Dienste oder Funktionen. Das schließt Zeitbeschränkungen, Beschränkungen des Entwicklungsprozesses und einzuhaltende Standards ein. Nichtfunktionale Anforderungen beziehen sich oft auf das ganze System und gewöhnlich nicht auf einzelne Systemfunktionen oder Dienste.“ [8]

Skalierbarkeit:

Dynamische Anpassung der zu beziehenden IT-Ressourcen an variierende Anforderungen. [9]

SOAP:

Ein plattform- und programmiersprachenunabhängig Protokoll, das zum Austausch von XML-Nachrichten zwischen Computersystemen eingesetzt wird.

Thin Client:

Ein, im Verhältnis zu einem PC-Rechner, kleines Endgerät bei dem die Datenverarbeitung und Rechenleistung über einen Server erbracht wird, mit dem der Thin Client über eine Remote-Desktop-Verbindung verbunden ist.[10]

Unified Modeling Language:

Eine Beschreibungssprache zur grafischen Darstellung von Softwareprogrammen und Informationssystemen. Diese können mit UML modelliert, spezifiziert und dokumentiert werden.

Virtuelles privates Netz:

Über ein virtuelles privates Netz (engl. virtual private network; Abk.: VPN) können einzelne Rechner oder Netzwerke mit einem LAN verbunden werden. Dazu wird eine verschlüsselte Verbindung (Tunnel) über das Internet hergestellt. Zwischen zwei LANs werden VPN-Verbindungen meistens über Firewalls hergestellt.

---

[8] *Sommerville, Ian*, Software Engineering, Pearson Studium, München, 8. Aufl. 2007, S. 152.

[9] Vgl. *Stanovska-Slabeva, Katarina/Wozniak, Thomas*, Cloud Basics – An Introduction to Cloud Computing, in: *Stanovska-Slabeva, Katarina/Wozniak, Thomas/Ristol, Santi (Hrsg.)*, Grid and Cloud Computing: A Business Perspective on Technology and Applications, Springer-Verlag, Berlin und Heidelberg, 1. Auflage 2010, S. 50.

[10] Vgl. *Knermann, Christian/Hiebel, Markus/Pflaum, Hartmut/Rettweiler, Manuela/Schröder, Andreas*, Studie: Ökologischer Vergleich der Klimarelevanz von PC und Thin Client Arbeitsplatzgeräten 2008, April 2008, http://it.umsicht.fraunhofer.de/TCecology/docs/TCecology2008_de.pdf (2010-07-23 17:35 MEZ), S. 10-11.

Einleitung

Cloud Computing ist ein relativ neues Dienstleistungskonzept der IT. Nach Chang et al. entstand der Begriff der Cloud allerdings bereits in den frühen Tagen des Internets. Damals wurde das Internet mit einer Wolke verglichen, die ihre komplexen internen Vorgänge vor dem Anwender verbarg. Für den Anwender war es demnach unerheblich auf welchen Wegen sich seine Daten durch das Netz bewegten und wie sie verarbeitet wurden.[11] Auch für die heutigen Anwender von Cloud Computing ist es nicht wichtig, an welcher Stelle ihre Daten verarbeitet werden, solange sie verarbeitet werden. Cloud Computing wird häufig auch mit den Anfängen des Stromnetzes verglichen: Damals hörten Unternehmen, auf ihren eigenen Strom zu produzieren und ließen sich stattdessen an das Stromnetz anschließen.[12]
Erstmalig gebraucht wurde der Begriff Cloud Computing nach Qian et al. durch Google-CEO Eric Schmidt auf der „Search Engine Strategies Conference“ im August 2006.[13]

1. Definition

Der Begriff des Cloud Computing wird von verschiedenen Autoren unterschiedlich interpretiert. Die Tabelle in Anlage 1 gibt einen Überblick über 15 ausgewählte Definitionen deutschsprachiger und internationaler Autoren. In der Tabelle von Anlage 2 werden diese Definitionen nach der Häufigkeit der Nennungen ihrer wichtigsten Merkmale ausgewertet.
Die Analyse bestätigt die Hypothese, dass der Begriff des Cloud Computing in der Literatur sehr unterschiedlich definiert wird. Uneinigkeit besteht vor allem über die Frage, ob Private Cloud Computing eine Art des Cloud Computing ist, beziehungsweise ob Cloud Computing-Dienste ausschließlich über das Internet bezogen werden können (siehe Anlage 2, Spalte „Bezug ausschließlich über Internet / Outsourcingnehmer“). Außerdem halten nur drei Autoren das Merkmal des Service Level Agreement (SLA) für definitionswürdig (siehe Anlage 2, Spalte „Service Level Agreement (SLA)“). Gründe hierfür könnten die technische Orientierung der Definitionen und die Tatsache sein, dass SLAs für Internetdienstleistungen als eine rechtliche Selbstverständlichkeit angesehen werden.
Um in dieser Arbeit eine allgemein anerkannte Definition für Cloud Computing zu verwenden, wurden alle Merkmale von Anlage 2 die mindestens neun Mal genannt wurden ausgewählt. Neun Nennungen entsprechen in dieser Analyse einer Häufigkeit von 60%.

---

[11] Vgl. *Chang, William Y./Abu-Amara, Hosame/Sanford, Jessica Feng*, Transforming Enterprise Cloud Services, Springer-Verlag, Dordrecht, Heidelberg, London und New York, 1. Auflage 2010, S. 16.

[12] Vgl. *Chang, William Y./Abu-Amara, Hosame/Sanford, Jessica Feng*, Transforming Enterprise Cloud Services, Springer-Verlag, Dordrecht, Heidelberg, London und New York, 1. Auflage 2010, S. 16.

[13] Vgl. *Qian, Ling/Luo, Zhiguo/Du, Yujian/Guo, Leitao*, Cloud Computing: An Overview, in: *Jaatun, Martin Gilje/Zhao, Gansen/Rong, Chunming (Hrsg.)*, Cloud Computing: First International Conference, CloudCom 2009 Beijing, China, December 2009 Proceedings, Springer-Verlag, Berlin und Heidelberg, 1. Aufl. 2009, S. 627; siehe auch *Bogatin, Donna*, Google CEO's new paradigm 'cloud computing and advertising go hand-in-hand', August 2006, http://www.zdnet.com/blog/micro-markets/google-ceos-new-paradigm-cloud-computing-and-advertising-go-hand-in-hand/369 (2011-02-09, 11:43 MEZ).

Der Vollständigkeit halber wurden diese Merkmale noch um das Merkmal der Entwicklungsplattform ergänzt. Möglicherweise zählen einigen Autoren der ausgewählten Definitionen die Entwicklungsplattform zum Begriff Software hinzu und erwähnen ihn deshalb nicht noch einmal ausdrücklich. Da es sich bei Platform as a Service aber um eins der drei Dienstleistungsmodelle des Cloud Computings handelt, sollte dieses Merkmal auch Teil der Definition sein, obwohl es nur sechs Mal genannt wurde. Ausgehend von den oben genannten Erkenntnissen wird in der vorliegenden Arbeit die folgende Definition benutzt:
Cloud Computing ist ein Konzept der Informationstechnik bei dem Hardware-Infrastrukturen, Plattformen und Software als bedarfsgerechte Dienstleistungen über ein Netzwerk bezogen werden. Die Abrechnung dieser Cloud-Dienstleistungen erfolgt verbrauchsabhängig.

2. Technische Grundlagen und Prinzipien

Im Folgenden werden die technischen Grundlagen dargestellt, die für Cloud Computing benötigt werden:

- Virtualisierung: Virtualisierung in der IT wird von Krcmar als „die Trennung von realen Ressourcen und virtuellen Ressourcen" definiert.[14] Dabei können auf einer realen Ressource mehrere virtuelle Ressourcen betrieben werden.[15] Reale Ressourcen sind in der Praxis meistens nicht ausgelastet. Unternehmensberatungen schätzen beispielsweise, dass Server üblicherweise nur zu 15 bis 20 Prozent ausgelastet sind. Durch die Virtualisierung von Servern kann die Anzahl der Server eines Unternehmens um 30 bis 50 Prozent oder mehr gesenkt werden. Dies führt zu geringeren Investitionen sowie Personal- und Betriebskosten.[16]

  Aber auch durch die Verwendung der im Folgenden dargestellten Techniken wird die Wartung vereinfacht, was zu niedrigeren Betriebskosten führt. Für den Einsatz von Cloud Computing können die folgenden Virtualisierungs-Techniken eingesetzt werden:

  - Blade-Server: Ein Blade (engl. Klinge, Propellerblatt oder Ruderblatt) ist die Bezeichnung für einen Server, der nur notwendige Hardware-Komponenten wie Prozessor, Arbeitsspeicher und Netzwerk-Schnittstellen enthält. Mehrere Blades befinden sich zusammen in einem gemeinsamen Gehäuse und teilen sich dort Stromversorgung, Kühlung, Netzwerkanbindung, Konfigurationsoberflächen und häufig auch Festplattenspeicher.[17]

---

[14] Vgl. *Krcmar, Helmut*, Informationsmanagement, Springer-Verlag, Berlin und Heidelberg, 5. Aufl. 2010, S. 317 (im Original teilweise kursiv).

[15] Siehe auch *Laudon, Kenneth C./Laudon, Jane P./Schoder, Detlef*, Wirtschaftsinformatik: Eine Einführung, Pearson Studium, München, 2. Aufl. 2010, S. 240.

[16] Vgl. *Vogels, Werner*, Beyond Server Consolidation, in: Queue, Band 6, Januar/Februar 2008, Heft 1, S. 21-22.

[17] Vgl. *Hewlett-Packard Development Company L.P.*, What is a Blade - BladeSystem?, Just what is a Blade?, http://h18004.www1.hp.com/products/blades/info/what-is-a-blade.html (2010-07-29, 11:22 MEZ).

- Storage Area Networks: Storage Area Networks (SANs) werden seit den späten 90er Jahren verbreitet als Datenspeicher eingesetzt.[18] Dabei werden mehrere Server über ein eigenes Hochleistungsnetz mit Massenspeichern (z.B. Festplatten, SSDs oder Bandlaufwerken) verbunden, die dadurch gemeinsam genutzt werden können.
- Virtualisierung von Servern: Man kann zwischen zwei Arten von Virtualisierungstechniken für Server unterscheiden: Der Servervirtualisierung und der Betriebssystemvirtualisierung. Im Zusammenhang mit Cloud Computing wird meistens die Servervirtualisierung eingesetzt. Dazu wird in einer isolierten, virtuellen Umgebung, die man virtuelle Maschine (VM) nennt, die Hardware eines Rechners zur Verfügung gestellt. Dies kann entweder durch die Emulation der Hardware oder durch die Virtualisierung der realen Hardware geschehen. Die Virtualisierungssoftware wird Hypervisor (oder auch virtual machine monitor) genannt. Eine Software zum Konfigurieren und Verwalten von Hypervisoren und virtuellen Maschinen wird virtual machine manager[19] oder virtual machine monitors' management[20] genannt. Abbildung 1 zeigt den Aufbau der Architektur. Der Zugriff der Nutzer auf die virtuellen Maschinen erfolgt in der Regel über eine Netzwerkverbindung und nicht direkt.

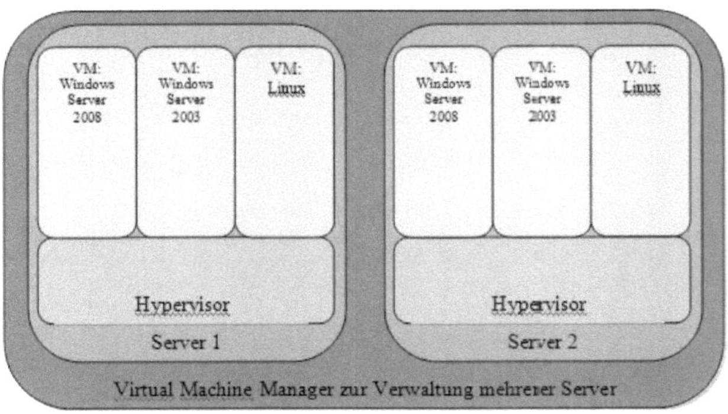

Abbildung 1: Zwei Hypervisor-Server, die durch einen Virtual Machine Manager verwaltet werden[21]

[18] Vgl. *Goldworm, Barb/Skamarock, Anne*, Blade Servers and Virtualization: Transforming Enterprise Computing while Cutting Costs, Wiley Publishing, Indianapolis, 1. Aufl. 2007, S. 87.

[19] Siehe *Microsoft Corporation*, Microsoft System Center Virtual Machine Manger 2008 R2, 2009, http://download.microsoft.com/download/A/8/1/A8170460-29E4-4DFC-AF4D-065B7E5150C6/Datenblatt_VMM_2008_R2_de.pdf (2010-08-03, 12:55 MEZ), S.1, *Red Hat, Inc.*, Virtual Machine Manager, Manage virtual machines, http://virt-manager.org/ (2010-08-03, 13:09 MEZ) und *Sotomayor, Borja/Montero, Rubén S./Llorente, Ignacio M./Foster, Ian*, Virtual Infrastructure Management in Private and Hybrid Clouds, in: IEEE Internet Computing, Band 3, September und Oktober 2009, Heft 5, S. 14-18.

[20] Siehe *Van Cleeff, André/Pieters, Wolter/Wieringa, Roel*, Security Implications of Virtualization: A Literature Study, in: 2009 International Conference on Computational Science and Engineering, 3. Band, Oktober 2009, S. 353.

[21] Eigene Darstellung.

- Mandantenfähigkeit: Mandantenfähigkeit (engl.: multitenancy) wird als das Prinzip einer Softwarearchitektur definiert, bei der ein System gleichzeitig von mehreren Anwendern und Kunden genutzt werden kann. Diese können das System dabei so nach ihren Bedarf konfigurieren, so dass es den Anschein eines individuellen Systems erweckt. Dabei muss der Dienstanbieter sicherstellen, dass alle kundenspezifischen Daten und Konfigurationen nicht an andere Kunden weitergegeben werden oder von diesen einsehbar sind. Deshalb ist es notwendig die Daten jedes Kunden separat zu speichern.[22] Weil durch Mandantenfähigkeit eine bessere Auslastung der Hardware und eine vereinfachte, zentrale Wartung ermöglicht werden[23], wird sie vor allem bei PaaS und SaaS eingesetzt. Nach Bandulet ist Mandantenfähigkeit allerdings kein notwendiges Merkmal von SaaS[24], wobei selbiges dann auch für PaaS gilt. Allerdings ermöglicht Mandantenfähigkeit das Hard- und Software von verschiedenen Anwendern gleichzeitig genutzt werden kann, wodurch die Anbieter Skalenerträge erzielen können. [25]
- Webdienste: Sommerville definiert einen Dienst als, „eine locker verbundene wieder verwendbare Softwarekomponente, die skalierbare Funktionen kapselt, welche verteilt sein können und per Programm erreichbar sind. Ein Webdienst ist ein Dienst, der sich über übliche Internet- und XML-basierte Protokolle erreichen lässt“.[26] Die W3C definiert sie als eine Softwareanwendung, die mit anderen Maschinen über ein Netzwerk kommuniziert. Webdienste haben Schnittstellen, die in einem Format beschrieben sind, das von Maschinen verarbeitet werden kann. Andere Dienste kommunizieren mit ihnen

---

[22] Siehe *Bezemer, Cor-Paul/Zaidman, Andy*, Multi-Tenant SaaS Applications: Maintenance Dream or Nightmare?, in: *Association for Computing Machinery (Hrsg.)*, Proceedings of the Joint ERCIM Workshop on Software Evolution (EVOL) and International Workshop on Principles of Software Evolution (IWPSE): IWPSE EVOL 2010, Association for Computing Machinery, New York, 1. Aufl. 2010, S. 88-90 und *Krcmar, Helmut*, Informationsmanagement, Springer-Verlag, Berlin und Heidelberg, 5. Aufl. 2010, S. 701.

[23] Vgl. *Bezemer, Cor-Paul/Zaidman, Andy*, Multi-Tenant SaaS Applications: Maintenance Dream or Nightmare?, in: *Association for Computing Machinery (Hrsg.)*, Proceedings of the Joint ERCIM Workshop on Software Evolution (EVOL) and International Workshop on Principles of Software Evolution (IWPSE): IWPSE EVOL 2010, Association for Computing Machinery, New York, 1. Aufl. 2010, S. 89-90.

[24] Vgl. *Bandulet, Friedrich/Faisst, Wolfgang/Eggs, Holger/Otyepka, Sarah/Wenzel, Stefan*, Software-as-a-Service as Disruptive Innovation in the Enterprise Application Market, in: *Benlian, Alexander/Hess, Thomas/Buxmann, Peter (Hrsg.)*, Software-as-a-Service: Anbieterstrategien, Kundenbedürfnisse und Wertschöpfungsstrukturen, Gabler Verlag, Wiesbaden, 1. Aufl. 2010, S. 17.

[25] Vgl. *Bandulet, Friedrich/Faisst, Wolfgang/Eggs, Holger/Otyepka, Sarah/Wenzel, Stefan*, Software-as-a-Service as Disruptive Innovation in the Enterprise Application Market, in: *Benlian, Alexander/Hess, Thomas/Buxmann, Peter (Hrsg.)*, Software-as-a-Service: Anbieterstrategien, Kundenbedürfnisse und Wertschöpfungsstrukturen, Gabler Verlag, Wiesbaden, 1. Aufl. 2010, S. 17, *Harms, Rolf/Yamartino, Michael*, The Economics of the Cloud, November 2010, http://download.microsoft.com/download/1/6/9/16912B00-9E9C-4CF9-8DFE-B368BD2B39E0/Enterprise_Cloud_Economics.pdf (2010-11-17, 16:39 MEZ), S. 9 und *Bezemer, Cor-Paul/Zaidman, Andy*, Multi-Tenant SaaS Applications: Maintenance Dream or Nightmare?, in: *Association for Computing Machinery (Hrsg.)*, Proceedings of the Joint ERCIM Workshop on Software Evolution (EVOL) and International Workshop on Principles of Software Evolution (IWPSE): IWPSE EVOL 2010, Association for Computing Machinery, New York, 1. Aufl. 2010, S. 89.

[26] Vgl. *Sommerville, Ian*, Software Engineering, Pearson Studium, München, 8. Aufl. 2007, S. 797.

durch SOAP-Nachrichten, welche über das HTTP übermittelt werden.[27] Webdienste bilden die Grundlage für Serviceorientierte Architekturen.

- Serviceorientierte Architekturen (SOA): In der Literatur werden SOA als mehrere voneinander unabhängige Dienste (Webdienste) beschrieben, die plattform- und programmiersprachenunabhängig miteinander Daten austauschen (z.B. über WSDL oder SOAP) und zu Softwareanwendungen kombiniert werden können. Die Dienste sind lose miteinander gekoppelt und nur während der Bearbeitung einer Abfrage miteinander verbunden. Dadurch ermöglicht eine SOA, dass an einem Dienst Veränderungen (z.B. Updates) vorgenommen werden, die aber keine systemweiten Auswirkungen haben. Dadurch wird bei SOA eine höhere Verfügbarkeit als bei traditioneller Software ermöglicht. Außerdem ist es möglich, dass die Dienste von unterschiedlichen Anbietern zur Verfügung gestellt werden.[28] Nach Sommerville und Laudon et al. ermöglichen SOA auch einen neuen Ansatz für die Entwicklung von Unternehmenssoftware, da einzelne Dienste in verschiedenen Anwendungen genutzt werden können und dazu nicht neu programmiert werden müssen. [29] In der Vergangenheit wurde in verschiedenen Anwendungen häufig ein unterschiedlicher Programmcode verwendet, um ähnliche Ziele zu erreichen.[30] Wegen ihrer Flexibilität und ihrer Orientierung an einzelnen Unternehmensfunktionen sind SOA für die schnelle (Weiter-) Entwicklung von mandantenfähigen SaaS-Dienstleistungen besonders gut geeignet.[31]
- Standardisierung: Im Bereich der Standardisierung des Cloud Computing kann man zwischen zwei Aspekten unterscheiden:
    - Standardisierte Cloud-Dienstleistungen: Die Anbieter von Cloud-Dienstleistungen stellen ihren Kunden in der Regel standardisierte Produkte und Produktvarianten zur Verfügung. Da diese für alle Kunden gleich sind, ermöglichen sie Skalenerträge für die Anbieter. Gleichzeitig werden auch von unterschiedlichen Anbietern ähnliche Dienstleistungen angeboten, was für die Kunden das Wechseln des Anbieters vereinfacht.

---

[27] Vgl. *Haas, Hugo/Brown, Allen*, Web Services Glossary, Februar 2004, http://www.w3.org/TR/2004/NOTE-ws-gloss-20040211/ (2011-02-10, 11:33 MEZ).

[28] Siehe *Baun, Christian/Kunze, Marcel/Nimis, Jens/Tai, Stefan*, Cloud Computing: Web-basierte dynamische IT-Services, Springer-Verlag, Berlin und Heidelberg, 1. Aufl. 2010, S.16-20, *Sommerville, Ian*, Software Engineering, Pearson Studium, München, 8. Aufl. 2007, S. 794-802 und *Krcmar, Helmut*, Informationsmanagement, Springer-Verlag, Berlin und Heidelberg, 5. Aufl. 2010, S. 373.

[29] Vgl. *Sommerville, Ian*, Software Engineering, Pearson Studium, München, 8. Aufl. 2007, S. 794 und *Laudon, Kenneth C./Laudon, Jane P./Schoder, Detlef*, Wirtschaftsinformatik: Eine Einführung, Pearson Studium, München, 2. Aufl. 2010, S. 247.

[30] Vgl *Laudon, Kenneth C./Laudon, Jane P./Schoder, Detlef*, Wirtschaftsinformatik: Eine Einführung, Pearson Studium, München, 2. Aufl. 2010, S. 247.

[31] Siehe auch *Hanschke, Inge*, Services aus Geschäftsanforderungen ableiten, in: Wirtschaftsinformatik & Management, Band 2, November 2010, Heft 6, S. 50 und *Sommerville, Ian*, Software Engineering, Pearson Studium, München, 8. Aufl. 2007, S. 802-804.

- Standardisierte Techniken: Damit können z.B. Schnittstellen oder Programmiersprachen gemeint sein, die einem bestimmten Standard entsprechen. Dadurch wird einerseits die Kombination von Cloud-Dienstleistungen verschiedener Anbieter ermöglicht, andererseits wird auch der Wechsel zu einem anderen Anbieter durch die Nutzung von einheitlichen Techniken vereinfacht.[32]

Beide Aspekte der Standardisierung vereinfachen den Wechsel zu einem anderen Anbieter, da bei nicht-standardisierten Dienstleistungen die Gefahr einer zu engen Bindung der Kunden an einen bestimmten Anbieter besteht, was als Vendor-Lock-In bezeichnet wird. Beim Vendor-Lock-In sind die Kosten, die bei einem Wechsel zu einem günstigeren Anbieters entstehen würden, so hoch, dass der Wechsel nicht mehr wirtschaftlich ist.

3. Cloud-Architektur und Cloud-Dienstleistungen

In der Literatur herrscht weitgehend Einigkeit darüber, dass Cloud-Architekturen aus einer vierstufigen, aufeinander aufbauenden Architektur bestehen und dass aus dieser Architektur drei verschiedene Arten von Dienstleistungen hervorgehen.[33]

Diese drei Schichten haben unterschiedliche Eigenschaften und Zielgruppen. Die höheren, stärker abstrahierten Schichten können dabei auf die tiefer gelegenen Schichten zurückgreifen. So ist es möglich, dass eine höhere Schicht die Funktionen aller tiefer gelegenen Schichten nutzen kann und nicht nur die der nächsten tieferen Schicht.[34]

Die unterste Schicht der Cloud-Architektur bilden dabei die physikalischen Ressourcen eines Rechenzentrums, wie beispielsweise Netzwerke, Server oder Festplatten. Diese Ressourcen sind auch die Grundlage für alle weiteren Schichten der Cloud.[35]

---

[32] Siehe auch *Böhm, Markus/Herzog, Andreas/Riedl, Christoph/Leimeister, Stefanie/Krcmar, Helmut*, Cloud Computing als Treiber der IT-Industrialisierung? Ein Vergleich mit der Automobilbranche, in: Information Management & Consulting, Band 25, 2010, Heft, S. 50.

[33] Siehe beispielsweise *Stanovska-Slabeva, Katarina/Wozniak, Thomas*, Cloud Basics – An Introduction to Cloud Computing, in: *Stanovska-Slabeva, Katarina/Wozniak, Thomas/Ristol, Santi (Hrsg.)*, Grid and Cloud Computing: A Business Perspective on Technology and Applications, Springer-Verlag, Berlin und Heidelberg, 1. Aufl. 2010, S.51-52, *Buyya, Rajkumar/Pandey, Suraj/Vecchiola, Christian*, Cloudbus Toolkit for Market-Oriented Cloud Computing, in: *Jaatun, Martin Gilje/Zhao, Gansen/Rong, Chunming (Hrsg.)*, Cloud Computing: First International Conference, CloudCom 2009 Beijing, China, December 2009 Proceedings, Springer-Verlag, Berlin und Heidelberg, 1. Aufl. 2009, S. 30-31, *Ali, Mufajjul*, Green Cloud on the Horizon, in: *Jaatun, Martin Gilje/Zhao, Gansen/Rong, Chunming (Hrsg.)*, Cloud Computing: First International Conference, CloudCom 2009 Beijing, China, December 2009 Proceedings, Springer-Verlag, Berlin und Heidelberg, 1. Aufl. 2009, S. 454-456, *Bundesverband Informationswirtschaft, Telekommunikation und neue Medien e. V. (BITKOM) (Hrsg.)*, Cloud Computing - Evolution in der Technik, Revolution im Business, Oktober 2009, http://www.bitkom.org/files/documents/BITKOM-Leitfaden-CloudComputing_Web.pdf (2010-07-24, 11:26 MEZ), S. 22-23, *Qian, Ling/Luo, Zhiguo/Du, Yujian/Guo, Leitao*, Cloud Computing: An Overview, in: *Jaatun, Martin Gilje/Zhao, Gansen/Rong, Chunming (Hrsg.)*, Cloud Computing: First International Conference, CloudCom 2009 Beijing, China, December 2009 Proceedings, Springer-Verlag, Berlin und Heidelberg, 1. Aufl. 2009, S. 628-629 und *Chang, William Y./Abu-Amara, Hosame/Sanford, Jessica Feng*, Transforming Enterprise Cloud Services, Springer-Verlag, Dordrecht, Heidelberg, London und New York, 1. Aufl. 2010, S. 39.

[34] Vgl. *Baun, Christian/Kunze, Marcel/Nimis, Jens/Tai, Stefan*, Cloud Computing: Web-basierte dynamische IT-Services, Springer-Verlag, Berlin und Heidelberg, 1. Auflage 2010, S. 28-29.

[35] Siehe *Stanovska-Slabeva, Katarina/Wozniak, Thomas*, Cloud Basics – An Introduction to Cloud Computing, in: *Stanovska-Slabeva, Katarina/Wozniak, Thomas/Ristol, Santi (Hrsg.)*, Grid and Cloud Computing: A Business

In der nächsten Schicht der Cloud-Architektur, der Infrastruktur-Schicht, werden die physikalischen Ressourcen meistens virtualisiert. Üblicherweise entstehen auf diese Art und Weise virtuelle Maschinen und virtuelle Datenspeicher. Bei Servern kann dies beispielsweise durch einen Hypervisor geschehen, der dann die physikalischen Ressourcen eines Servers auf mehrere virtuelle Maschinen aufteilt.

Nach Baun et al. müssen die Ressourcen allerdings nicht zwingend virtualisiert werden. In bestimmten Fällen könne es notwendig sein auf die Virtualisierung durch einen Hypervisor zu verzichten, um höhere Stabilität oder bessere Performance zu erreichen, aber auch um bestimmte Hardware-Anforderungen zu erfüllen. Anstelle von virtuellen Maschinen würden in diesen Fällen dedizierte Server eingesetzt.[36] Anstelle des Hypervisors kann die Konfiguration des Servers in diesen Fällen über Fernwartungssysteme (z.B. ein Lights Out Management-System) erfolgen.

Die Plattform-Schicht wird zur Entwicklung und zum Betrieb von Anwendungen genutzt. In dieser Schicht werden Entwicklungsumgebungen zur Softwareentwicklung und Laufzeitumgebungen in denen die Software im produktiven Betrieb ausgeführt wird, bereitgestellt. Auch Datenbanken werden von einigen Autoren in dieser Schicht angesiedelt.[37] Sie baut auf der Infrastruktur-Schicht auf und nutzt die dort entstandenen virtuellen Maschinen und Datenspeicher.

Die höchste Schicht der Cloud-Architektur bildet die Software-Schicht, die wiederum auf der Infrastruktur- und der Plattform-Schicht aufbaut. Sie zeichnet sich durch die folgenden Eigenschaften aus, die nach Baun et al.[38], Chang et al.[39] und BITKOM[40] zusammengestellt wurden: Die Aufgabe der Software-Schicht ist die Bereitstellung von Anwendungsdiensten und Anwendungen. Anwendungsdienste haben häufig einen eingeschränkten Funktionsumfang. Sie können sowohl vom Endanwender genutzt werden, als auch als

---

Perspective on Technology and Applications, Springer-Verlag, Berlin und Heidelberg, 1. Aufl. 2010, S.52-53 und *Chang, William Y./Abu-Amara, Hosame/Sanford, Jessica Feng*, Transforming Enterprise Cloud Services, Springer-Verlag, Dordrecht, Heidelberg, London und New York, 1. Aufl. 2010, S. 40.

[36] Vgl. *Baun, Christian/Kunze, Marcel/Nimis, Jens/Tai, Stefan*, Cloud Computing: Web-basierte dynamische IT-Services, Springer-Verlag, Berlin und Heidelberg, 1. Auflage 2010, S. 30.

[37] Siehe *Bundesverband Informationswirtschaft, Telekommunikation und neue Medien e. V. (BITKOM) (Hrsg.)*, Cloud Computing - Evolution in der Technik, Revolution im Business, Oktober 2009, http://www.bitkom.org/files/documents/BITKOM-Leitfaden-CloudComputing_Web.pdf (2010-07-24, 11:26 MEZ), S. 22, *Chang, William Y./Abu-Amara, Hosame/Sanford, Jessica Feng*, Transforming Enterprise Cloud Services, Springer-Verlag, Dordrecht, Heidelberg, London und New York, 1. Aufl. 2010, S. 39 und *Stanovska-Slabeva, Katarina/Wozniak, Thomas*, Cloud Basics – An Introduction to Cloud Computing, in: *Stanovska-Slabeva, Katarina/Wozniak, Thomas/Ristol, Santi (Hrsg.)*, Grid and Cloud Computing: A Business Perspective on Technology and Applications, Springer-Verlag, Berlin und Heidelberg, 1. Aufl. 2010, S.54.

[38] Siehe *Baun, Christian/Kunze, Marcel/Nimis, Jens/Tai, Stefan*, Cloud Computing: Web-basierte dynamische IT-Services, Springer-Verlag, Berlin und Heidelberg, 1. Auflage 2010, S. 35-37.

[39] Siehe *Chang, William Y./Abu-Amara, Hosame/Sanford, Jessica Feng*, Transforming Enterprise Cloud Services, Springer-Verlag, Dordrecht, Heidelberg, London und New York, 1. Aufl. 2010, S. 39 und 54.

[40] Siehe *Bundesverband Informationswirtschaft, Telekommunikation und neue Medien e. V. (BITKOM) (Hrsg.)*, Cloud Computing - Evolution in der Technik, Revolution im Business, Oktober 2009, http://www.bitkom.org/files/documents/BITKOM-Leitfaden-CloudComputing_Web.pdf (2010-07-24, 11:26 MEZ), S. 23.

Webdienst in andere Systeme integriert werden. Im Gegensatz zu den Anwendungsdiensten handelt es sich bei den Anwendungen um komplexere Softwareprogramme, die für Endanwender gedacht sind und durch die Kombination mit Webdiensten im Funktionsumfang erweitert werden können. Sowohl Anwendungsdienste als auch Anwendungen können nicht individuell für den Kunden angepasst werden. Es ist aber möglich sie in einem beschränkten Maße zu konfigurieren.

Auf Anbieterseite dient das Cloud-Management zur Verwaltung der Infrastruktur-, Plattform- und Software-Schichten. Nach Baun et al. werden hier durch automatisierte Prozesse die virtuellen Maschinen konfiguriert. Dabei werden die physikalischen Ressourcen der Cloud automatisch so aufgeteilt, dass eine möglichst hohe Auslastung der physikalischen Ressourcen erreicht wird. Aber auch Fragen der Sicherheit, der Datenarchivierung, der Produkt- und Vertragsgestaltung sowie der Abrechnung gehören hierzu.[41] Als Ergebnis der Produktgestaltung beim Anbieter entstehen aus den Schichten für Infrastruktur, Plattform und Software die folgenden Cloud-Dienstleistungen:

- Infrastructure as a Service (IaaS): Hier werden den Kunden virtuelle Maschinen (oft wird diese Dienstleistung auch mit IaaS gleichgesetzt) und als Storage as a Service angeboten. Die Infrastruktur-Schicht ist die Basis für IaaS.
    - Virtuelle Maschinen: Virtuelle Maschinen werden meistens mit einem vorkonfigurierten Betriebssystem angeboten. Die Ressourcen der VM (wie z.B. Prozessorleistung, Arbeitsspeicher, Festplattenspeicher oder Netzwerkanbindung) können vom Kunden bei Bedarf vergrößert oder verkleinert werden. Die Kunden können das Betriebssystem nach ihren Anforderungen konfigurieren und eigene Software installieren. Aus diesem Grund ist diese Infrastruktur-Dienstleistung besonders für Kunden interessant, die Software mit speziellen Anforderungen auf den virtuellen Maschinen ausführen wollen, was bei einem PaaS-Angebot wegen der hohen Standardisierung der Plattform nicht möglich wäre. Nach Baun et al. bieten Virtuelle Maschinen für den Kunden eine große Flexibilität. Die Verantwortung für die Sicherheit der VM liegt allerdings auch beim Kunden.[42]
    - Storage as a Service (StaaS): Dabei handelt es sich um Speicherdienstleistungen, die über das Internet angeboten werden. Die Verantwortung für die Sicherheit der Daten liegt beim Anbieter. Hasan unterscheidet dabei zwischen fünf verschiedenen Arten von StaaS-Angeboten:
        - Speicherdienste (Managed Storage): Der Anbieter vermietet Speicherplatz und rechnet ihn nutzungsabhängig ab.
        - Backup und Wiederherstellung: Der Anbieter übernimmt die Sicherung von Daten für seinen Kunden.

[41] Vgl. *Baun, Christian/Kunze, Marcel/Nimis, Jens/Tai, Stefan*, Cloud Computing: Web-basierte dynamische IT-Services, Springer-Verlag, Berlin und Heidelberg, 1. Auflage 2010, S. 59-70.

[42] Vgl. *Baun, Christian/Kunze, Marcel/Nimis, Jens/Tai, Stefan*, Cloud Computing: Web-basierte dynamische IT-Services, Springer-Verlag, Berlin und Heidelberg, 1. Auflage 2010, S. 68.

- Datenschutz: Spezielle Schutzangebote für vertrauliche Daten.
- Replikation: Die Daten werden aus Gründen der Performance und der Verfügbarkeit an mehreren Orten gespeichert.
- Archivierung: Der Anbieter übernimmt die Archivierung gemäß Vorgaben aus Gesetzen und Vorschriften.[43]

- Platform as a Service (PaaS): Bei dieser Dienstleistung hat der Kunde die Möglichkeit eigene Anwendungen auf der Cloud-Plattform des Anbieters auszuführen. Der Kunde hat dabei keinen direkten Zugriff auf die zugrundeliegende Infrastruktur-Schicht, sondern nur auf die von der Plattform unterstützen Programmiersprachen, Datenbanken und die vom Anbieter bereitgestellten Verwaltungs- und Programmierwerkzeuge. Aus diesem Grund bietet PaaS für den Kunden nur noch eine mittlere Flexibilität, dafür liegt die Verantwortung für die Sicherheit sowohl beim Anbieter, als auch beim Kunden.[44]
- Software as a Service (SaaS): Dem Kunden werden vom Anbieter Webdienste oder Softwareanwendungen (SaaS-Anwendungen) angeboten. Zum Leistungsumfang, Betrieb und Wartung der Software auf der Plattform des Anbieters und auch bei SaaS hat der Kunde keinen direkten Zugriff auf die zugrundeliegende Infrastruktur-Schicht. Die Dienste können nicht mehr an die Bedürfnisse des Kunden angepasst werden, stattdessen ist es möglich sie in begrenztem Maße zu konfigurieren. Die Verantwortung für die Sicherheit des Dienstes liegt beim Provider.[45]
  - Webdienste (Anwendungsdienste) können entweder direkt mit einem Web-Browser genutzt werden oder man kann ihre Funktionen durch lose Kopplung gemäß dem SOA-Ansatz in andere Informationssysteme integrieren.
  - SaaS-Anwendungen sind in der Regel Standardanwendungen, die in der Regel mit einem Browser genutzt werden. Beispiele für SaaS-Anwendungen sind Webmail-, CRM- oder ERP-Dienste.

Die Verwaltung der Cloud-Dienstleistungen findet auf Seiten des Kunden über eine Benutzerschnittstelle statt. Hier können z.B. Dienstleistungen gebucht, konfiguriert, überwacht und abbestellt werden.

Einen Überblick über die Cloud-Architektur und die zu jeder Schicht gehörenden Cloud-Dienstleistungen bietet Abbildung 2:

[43] Vgl. *Hasan, Ragib/Yurcik, William/Myagmar, Suvda*, The Evolution of Storage Service Providers: Techniques and Challenges to Outsourcing Storage, in: *Yurcik, William/Brumbaugh, Larry/Zhou, Yuanyuan (Hrsg.)*, StorageSS'05: Proceedings of the 2005 ACM Workshop on Storage Security and Survivability, Association for Computing Machinery, New York, 1. Auflage 2005, S. 3.

[44] Vgl. *Baun, Christian/Kunze, Marcel/Nimis, Jens/Tai, Stefan*, Cloud Computing: Web-basierte dynamische IT-Services, Springer-Verlag, Berlin und Heidelberg, 1. Auflage 2010, S. 68.

[45] Vgl. *Baun, Christian/Kunze, Marcel/Nimis, Jens/Tai, Stefan*, Cloud Computing: Web-basierte dynamische IT-Services, Springer-Verlag, Berlin und Heidelberg, 1. Auflage 2010, S. 68.

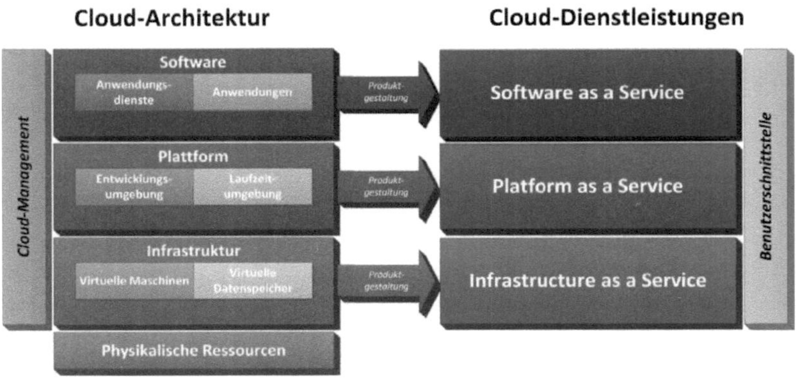

Abbildung 2: Von der Cloud-Architektur zur Cloud-Dienstleistung[46]

4. Organisatorische Klassifizierungen

In der Literatur finden sich häufig unterschiedliche Bezeichnungen für die organisatorischen Klassifizierungen der einzelnen Clouds. So verwendet beispielsweise das NIST[47] den Begriff Verwendungsmodell (im Original: „Deployment Model"), die BITKOM[48] „Organisationsform" und Chang et al.[49] Arten von Cloud-Diensten (im Original: „types of Cloud services").

Einigkeit besteht weitgehend darin, dass es 3 verschiedene Cloud-Klassen gibt: Private Cloud, Public Cloud und Hybrid Cloud. Allerdings hat die Analyse der Cloud-Definitionen gezeigt, dass Private Cloud Computing von einigen Autoren nicht zum Cloud Computing hinzugezählt wird. Über diese drei Klassen hinaus wird von einigen Autoren auch noch die Community Cloud genannt. Im Folgenden werden diese vier Klassen vorgestellt und voneinander abgegrenzt:

---

[46] Eigene Darstellung.

[47] Vgl. *Mell, Peter/Grace, Tim*, The NIST Definition of Cloud Computing, Version 15, Juli 2010, Definition of Cloud Computing, http://csrc.nist.gov/groups/SNS/cloud-computing/cloud-def-v15.doc (2010-07-13, 11:29 MEZ), S. 1-2.

[48] Vgl. *Bundesverband Informationswirtschaft, Telekommunikation und neue Medien e. V. (BITKOM) (Hrsg.)*, Cloud Computing - Evolution in der Technik, Revolution im Business, Oktober 2009, http://www.bitkom.org/files/documents/BITKOM-Leitfaden-CloudComputing_Web.pdf (2010-07-24, 11:26 MEZ), S. 29.

[49] Vgl. *Chang, William Y./Abu-Amara, Hosame/Sanford, Jessica Feng*, Transforming Enterprise Cloud Services, Springer-Verlag, Dordrecht, Heidelberg, London und New York, 1. Aufl. 2010, S. 46.

- Private Cloud: Auch Enterprise Cloud[50] oder Internal Cloud[51]. Sie zeichnet sich durch die folgenden Eigenschaften aus, die aus den Arbeiten von Stanovska-Slabeva und Wozniak[52], BITKOM[53] sowie Chang et al.[54] zusammengestellt wurden: Der Zugriff auf die Private Cloud erfolgt meistens über ein Intranet, manchmal aber auch über ein virtuelles privates Netz (VPN). Bei der Private Cloud werden die physikalischen Ressourcen nur für eine Organisation betrieben. Sie muss aber nicht zwingend von der gleichen Organisation betrieben werden, sondern kann auch von einem externen Dienstleister angeboten werden. Laut BITKOM ist es eine effiziente, standardisierte und sichere Umgebung, unter der Kontrolle eines Unternehmens, die eine individuelle Anpassung an die Geschäftsprozesse des Unternehmens ermöglicht.[55] Darüber hinaus unterscheidet BITKOM auch noch zwischen der Private Cloud im engeren Sinn, bei der die Cloud von einem Unternehmen selbst betrieben wird. Sowie der Managed Private Cloud, bei der die technische Infrastruktur im Eigentum des Unternehmens verbleibt, aber ein externer Anbieter vertragliche Leistungen (z.B. Betrieb der Cloud) übernimmt und der Outsourced Private Cloud, bei der ein externer Anbieter die Cloud für ein Unternehmen betreibt. Die dafür nötige technische Infrastruktur befindet sich im Eigentum des Anbieters.[56]
- Public Cloud: Die folgenden Eigenschaften der Public Cloud wurden aus Stanovska-Slabeva und Wozniak[57], BITKOM[58] sowie Chang et al.[59] zusammengestellt: Der Anbieter

---

[50] Siehe *Wlodarczyk, Tomasz Wiktor/Rong, Chunming/Thorsen, Kari Anne Haaland*, Industrial Cloud: Toward Inter-enterprise Integration, in: *Jaatun, Martin Gilje/Zhao, Gansen/Rong, Chunming (Hrsg.)*, Cloud Computing: First International Conference, CloudCom 2009 Beijing, China, December 2009 Proceedings, Springer-Verlag, Berlin und Heidelberg, 1. Aufl. 2009, S. 462.

[51] Siehe *Winter, Markus*, Data Center Consolidation: A Step towards Infrastructure Clouds, in: *Jaatun, Martin Gilje/Zhao, Gansen/Rong, Chunming (Hrsg.)*, Cloud Computing: First International Conference, CloudCom 2009 Beijing, China, December 2009 Proceedings, Springer-Verlag, Berlin und Heidelberg, 1. Aufl. 2009, S. 193.

[52] Siehe *Stanovska-Slabeva, Katarina/Wozniak, Thomas*, Cloud Basics – An Introduction to Cloud Computing, in: *Stanovska-Slabeva, Katarina/Wozniak, Thomas/Ristol, Santi (Hrsg.)*, Grid and Cloud Computing: A Business Perspective on Technology and Applications, Springer-Verlag, Berlin und Heidelberg, 1. Aufl. 2010, S.57-58.

[53] Siehe *Bundesverband Informationswirtschaft, Telekommunikation und neue Medien e. V. (BITKOM) (Hrsg.)*, Cloud Computing - Evolution in der Technik, Revolution im Business, Oktober 2009, http://www.bitkom.org/files/documents/BITKOM-Leitfaden-CloudComputing_Web.pdf (2010-07-24, 11:26 MEZ), S. 30.

[54] Siehe *Chang, William Y./Abu-Amara, Hosame/Sanford, Jessica Feng*, Transforming Enterprise Cloud Services, Springer-Verlag, Dordrecht, Heidelberg, London und New York, 1. Aufl. 2010, S. 48.

[55] Vgl. *Bundesverband Informationswirtschaft, Telekommunikation und neue Medien e. V. (BITKOM) (Hrsg.)*, Cloud Computing - Evolution in der Technik, Revolution im Business, Oktober 2009, http://www.bitkom.org/files/documents/BITKOM-Leitfaden-CloudComputing_Web.pdf (2010-07-24, 11:26 MEZ), S. 30.

[56] Vgl. *Bundesverband Informationswirtschaft, Telekommunikation und neue Medien e. V. (BITKOM) (Hrsg.)*, Cloud Computing - Evolution in der Technik, Revolution im Business, Oktober 2009, http://www.bitkom.org/files/documents/BITKOM-Leitfaden-CloudComputing_Web.pdf (2010-07-24, 11:26 MEZ), S. 31.

[57] Siehe *Stanovska-Slabeva, Katarina/Wozniak, Thomas*, Cloud Basics – An Introduction to Cloud Computing, in: *Stanovska-Slabeva, Katarina/Wozniak, Thomas/Ristol, Santi (Hrsg.)*, Grid and Cloud Computing: A Business Perspective on Technology and Applications, Springer-Verlag, Berlin und Heidelberg, 1. Aufl. 2010, S.57.

einer Public Cloud ist Besitzer und Betreiber einer Infrastruktur, auf der er Cloud-Dienstleistungen anbietet. Dazu wird die Infrastruktur unter den Kunden des Anbieters aufgeteilt. Die Leistungen aus den Bereichen IaaS, PaaS und SaaS können von jedem Kunden flexibel und je nach Bedarf über das Internet bezogen werden.

- Community Cloud: Eine Mischform aus Private und Public Cloud, bei der sich eine geschlossene Gruppe von Organisationen, mit gemeinsamen Zielen (z.B. gemeinsame Sicherheitsanforderungen, Unternehmenspolitik oder Regelungen[60]), eine gemeinsame Cloud-Infrastruktur teilt, die aus den Clouds verschiedener Organisationen besteht.[61] Eine Unterart der Community Cloud ist die Industrial Cloud[62] oder Industry Cloud[63]. Unternehmen einer bestimmten Branche (z.B. der Medien- oder Unterhaltungsbranche) bauen diese Spezialform der Community Cloud auf, um eine gemeinsame Infrastruktur zu nutzen und gleichzeitig Sicherheitsrisiken zu minimieren.[64]
- Hybrid Cloud: Ein loser Zusammenschluss von verschiedenen Clouds, die über einen gemeinsamen Standard verfügen, was den Austausch von Daten und Anwendungen ermöglicht.[65] Beispielsweise werden häufig bei hoher Belastung der Private Cloud von

---

[58] Siehe *Bundesverband Informationswirtschaft, Telekommunikation und neue Medien e. V. (BITKOM) (Hrsg.)*, Cloud Computing - Evolution in der Technik, Revolution im Business, Oktober 2009, http://www.bitkom.org/files/documents/BITKOM-Leitfaden-CloudComputing_Web.pdf (2010-07-24, 11:26 MEZ), S. 30.

[59] Siehe *Chang, William Y./Abu-Amara, Hosame/Sanford, Jessica Feng*, Transforming Enterprise Cloud Services, Springer-Verlag, Dordrecht, Heidelberg, London und New York, 1. Aufl. 2010, S. 46-47.

[60] Vgl. *Mell, Peter/Grace, Tim*, The NIST Definition of Cloud Computing, Version 15, Juli 2010, Definition of Cloud Computing, http://csrc.nist.gov/groups/SNS/cloud-computing/cloud-def-v15.doc (2010-07-13, 11:29 MEZ), S. 2.

[61] Zusammengestellte Definition nach *Chang, William Y./Abu-Amara, Hosame/Sanford, Jessica Feng*, Transforming Enterprise Cloud Services, Springer-Verlag, Dordrecht, Heidelberg, London und New York, 1. Aufl. 2010, S. 47-48, *Mell, Peter/Grace, Tim*, The NIST Definition of Cloud Computing, Version 15, Juli 2010, Definition of Cloud Computing, http://csrc.nist.gov/groups/SNS/cloud-computing/cloud-def-v15.doc (2010-07-13, 11:29 MEZ), S. 2 und *Ali, Mufajjul*, Green Cloud on the Horizon, in: *Jaatun, Martin Gilje/Zhao, Gansen/Rong, Chunming (Hrsg.)*, Cloud Computing: First International Conference, CloudCom 2009 Beijing, China, December 2009 Proceedings, Springer-Verlag, Berlin und Heidelberg, 1. Aufl. 2009, S. 453.

[62] Siehe *Wlodarczyk, Tomasz Wiktor/Rong, Chunming/Thorsen, Kari Anne Haaland*, Industrial Cloud: Toward Inter-enterprise Integration, in: *Jaatun, Martin Gilje/Zhao, Gansen/Rong, Chunming (Hrsg.)*, Cloud Computing: First International Conference, CloudCom 2009 Beijing, China, December 2009 Proceedings, Springer-Verlag, Berlin und Heidelberg, 1. Aufl. 2009, S. 463-465 und *Rong, Chunming*, An Industrial Cloud: Integrated Operations in Oil and Gas in the Norwegian Continental Shelf, in: *Jaatun, Martin Gilje/Zhao, Gansen/Rong, Chunming (Hrsg.)*, Cloud Computing: First International Conference, CloudCom 2009 Beijing, China, December 2009 Proceedings, Springer-Verlag, Berlin und Heidelberg, 1. Auflage 2009, S. 20-22.

[63] Siehe *Bossert, Oliver/Freking, Ulrich/Löffler, Markus*, Cloud Computing in Practice – Rain Doctor or Line-of-Sight Obstruction, in: *Benlian, Alexander/Hess, Thomas/Buxmann, Peter (Hrsg.)*, Software-as-a-Service: Anbieterstrategien, Kundenbedürfnisse und Wertschöpfungsstrukturen, Gabler Verlag, Wiesbaden, 1. Aufl. 2010, S. 102-103.

[64] Vgl. *Bossert, Oliver/Freking, Ulrich/Löffler, Markus*, Cloud Computing in Practice – Rain Doctor or Line-of-Sight Obstruction, in: *Benlian, Alexander/Hess, Thomas/Buxmann, Peter (Hrsg.)*, Software-as-a-Service: Anbieterstrategien, Kundenbedürfnisse und Wertschöpfungsstrukturen, Gabler Verlag, Wiesbaden, 1. Aufl. 2010, S. 102-103.

[65] Zusammengestellte Definition nach *Stanovska-Slabeva, Katarina/Wozniak, Thomas*, Cloud Basics – An Introduction to Cloud Computing, in: *Stanovska-Slabeva, Katarina/Wozniak, Thomas/Ristol, Santi (Hrsg.)*, Grid and Cloud Computing: A Business Perspective on Technology and Applications, Springer-Verlag, Berlin und

Unternehmen unkritische Daten (die nicht Teil der Kernkompetenz des Unternehmens sind) in die Public Cloud ausgelagert.[66]

5. Cloud Sourcing

Cloud Sourcing ist die Beschaffung von Cloud Dienstleistungen. Nach dem Gabler Wirtschaftslexikon ist Beschaffung die „Zusammenfassung aller Tätigkeiten, die der Versorgung eines Unternehmens mit Material, Dienstleistungen, Betriebs- und Arbeitsmitteln sowie Rechten und Informationen aus unternehmensexternen Quellen (Güter- und Dienstleistungsmärkte) dienen.“ Die Versorgung mit Personal und Kapital wird allerdings nicht hinzugezählt.[67]

Aufbauend auf die Darstellung von BITKOM[68] gibt es die folgenden Sourcing-Optionen für eine Cloud:

- Traditionelle IT-Infrastrukturen: Hier wird auf die Anwendung von Virtualisierungstechniken verzichtet und für jede Anwendung ein eigener Server genutzt. Ohne größere technische Veränderungen ist es nicht ohne weiteres möglich den Betrieb der Anwendungen zu einem Cloud-Anbieter zu verlagern. Die Sicherheit der traditionellen IT-Infrastruktur ist relativ hoch. Allerdings sind auch die Kosten hoch, weil Server meist noch nicht virtualisiert, die technischen Infrastrukturen nicht standardisiert und die Rechen- und Speicherressourcen der Server meist nicht ausgelastet sind. Allerdings führt dies zu höheren Personalkosten für Wartung und Support, weil sich das technische Personal mit verschiedenen Systemen auseinandersetzen muss.
- Private Cloud: Diese gibt es in den Varianten Private Cloud (im engeren Sinne), Managed Private Cloud und Outsourced Private Cloud. Hier ist es möglich bestimmte Cloud-Dienstleistungen mit relativ geringem Aufwand in die Public oder Community Cloud auszulagern, weil sie bereits standardisiert sind. Das Sicherheitsrisiko nimmt mit jeder Variante zu, weil immer größere Teile der Gesamtdienstleistung von externen Partnern erbracht werden. Auch sind die Kosten durch die Standardisierung der Leistungen und die bessere Auslastung der Server niedriger als bei traditionellen IT-Infrastrukturen.
- Public Cloud: Hierbei werden die Cloud-Dienstleistungen nicht mehr im eigenen Unternehmen, sondern komplett durch externe Partner erbracht. Dies ermöglicht für den

---

Heidelberg, 1. Aufl. 2010, S.58, *Chang, William Y./Abu-Amara, Hosame/Sanford, Jessica Feng*, Transforming Enterprise Cloud Services, Springer-Verlag, Dordrecht, Heidelberg, London und New York, 1. Aufl. 2010, S. 48-49 und *Baun, Christian/Kunze, Marcel/Nimis, Jens/Tai, Stefan*, Cloud Computing: Web-basierte dynamische IT-Services, Springer-Verlag, Berlin und Heidelberg, 1. Aufl. 2010, S. 27.

[66] Vgl. *Baun, Christian/Kunze, Marcel/Nimis, Jens/Tai, Stefan*, Cloud Computing: Web-basierte dynamische IT-Services, Springer-Verlag, Berlin und Heidelberg, 1. Aufl. 2010, S. 27.

[67] Vgl. *Alisch, Katrin/Arentzen, Ute/Winter, Eggert (Hrsg.)*, Gabler Wirtschaftslexikon, Gabler Verlag, Wiesbaden, 16. Aufl. 2004, Band A-Be, S. 381.

[68] Siehe *Bundesverband Informationswirtschaft, Telekommunikation und neue Medien e. V. (BITKOM) (Hrsg.)*, Terminologie Outsourcing - Vorschlag zur Vereinheitlichung von Begriffsinhalten im Outsourcing-Umfeld, 2008, http://www.bitkom.org/files/documents/leitfaden_outsourcing-terminologie.pdf (2011-01-05, 16:59 MEZ), S. 31-32.

Kunden eine hohe Flexibilität, allerdings lassen sich die Sicherheitsrisiken für den Kunden kaum noch kontrollieren, da die Leistungen komplett durch Partner erbracht werden.

Aus diesen Sourcing-Optionen kann man erkennen, dass das Sicherheitsrisiko für das Unternehmen mit zunehmender externer Leistungserbringung steigt. Abbildung 3 verdeutlicht diesen Zusammenhang:

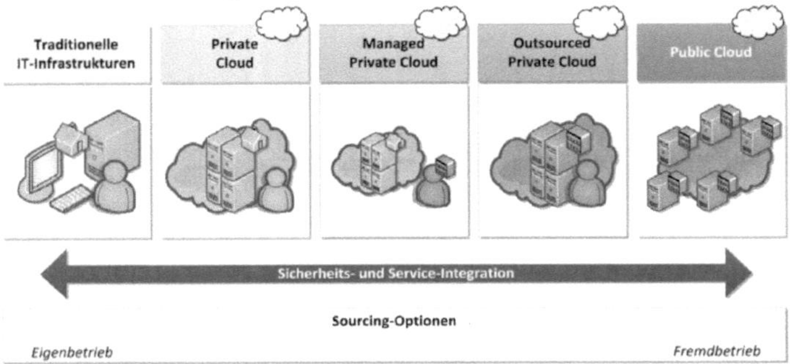

Abbildung 3: Sourcing-Optionen für Cloud-Dienstleistungen[69]

Basierend auf von Jouanne-Diedrich[70] kann man im Cloud Sourcing fünf verschiedene Dimensionen und ihre jeweiligen Beschaffungs-Optionen unterscheiden. Diese Optionen werden im Folgenden vorgestellt:

- Nach Standort:
    - Onsite Eigenbetrieb: Die Dienstleistung wird von einem Unternehmen im eigenen Rechenzentrum selbst erbracht. Dies trifft auf Private Cloud Computing und die Teile einer Community Cloud zu, die sich im eigenen Unternehmen befinden.
    - Onsite Sourcing: Form des Outsourcings, bei dem der Betreiber wechselt, aber die Leistung weiterhin auf dem Betriebsgelände des Kunden erfolgt.[71] Dies trifft auf die Managed Private Cloud zu.

---

[69] In Anlehnung an *Bundesverband Informationswirtschaft, Telekommunikation und neue Medien e. V. (BITKOM) (Hrsg.)*, Terminologie Outsourcing - Vorschlag zur Vereinheitlichung von Begriffsinhalten im Outsourcing-Umfeld, 2008, http://www.bitkom.org/files/documents/leitfaden_outsourcing-terminologie.pdf (2011-01-05, 16:59 MEZ), S. 31.

[70] Siehe *von Jouanne-Diedrich, Holger*, Die ephorie.de IT-Sourcing-Map v3.0 - Die Orientierungshilfe im stetig wachsenden Dschungel der Outsourcing-Konzepte, http://www.ephorie.de/it-sourcing-map.htm (2011-01-05, 17:08 MEZ).

[71] Vgl. *Bundesverband Informationswirtschaft, Telekommunikation und neue Medien e. V. (BITKOM) (Hrsg.)*, Terminologie Outsourcing - Vorschlag zur Vereinheitlichung von Begriffsinhalten im Outsourcing-Umfeld, 2008, http://www.bitkom.org/files/documents/leitfaden_outsourcing-terminologie.pdf (2011-01-05, 16:59 MEZ), S. 25 und *von Jouanne-Diedrich, Holger*, Die ephorie.de IT-Sourcing-Map v3.0 - Die Orientierungshilfe im

- Onshore Sourcing: Onshore oder Domestic Sourcing ist eine Form des Outsourcings, bei dem die Leistung durch einen Anbieter im selben Land erfolgt, in dem sich auch der Kunde befindet. Es kann in Form der Outsourced Private, Community, Hybrid oder Public Cloud genutzt werden.
- Nearshore Sourcing: Hierbei befindet sich der Anbieter, vom Kunden aus betrachtet, im nahen Ausland. Dabei werden die Vorteile eines kulturell, politisch und geografisch nahegelegenen Anbieters mit den Kostenvorteilen eines ausländischen Anbieters verbunden.[72] Es kann in Form der Outsourced Private, Community, Hybrid oder Public Cloud genutzt werden.
- Offshore Sourcing: Die Dienstleistungen werden in einem ferneren Land erbracht, wo die Leistung zu deutlich geringeren Kosten erbracht werden kann. Allerdings können dieser Form des Leistungsbezugs höhere sprachliche, kulturelle und geopolitische Risiken gegenüberstehen.[73] Es kann in Form der Outsourced Private, Community, Hybrid oder Public Cloud genutzt werden.

- Nach der Organisationsform:
  - Internes Outsourcing: Hiermit ist die Ausgründung einer IT-Abteilung in eine rechtlich selbständige Tochtergesellschaft gemeint,[74] welche die die Sourcing-Option der Managed Private oder Outsourced Private Cloud ermöglicht.
  - Kooperation: Eine Option zwischen internem und externem Outsourcing. Hierbei schließen sich mehreren Unternehmen oder Organisationen zu einer Community oder Industrial Cloud zusammen.
  - Externes Outsourcing: Nach von Jouanne-Diedrich dient der Begriff zur Abgrenzung vom internen Outsourcing. Es ist das Outsourcing zu einem externen Anbieter gemeint.[75]

---

stetig wachsenden Dschungel der Outsourcing-Konzepte, http://www.ephorie.de/it-sourcing-map.htm (2011-01-05, 17:08 MEZ).

[72] Vgl. *Hodel, Marcus/Berger, Alexander/Risi, Peter*, Outsourcing realisieren: Vorgehen für IT und Geschäftsprozesse zur nachhaltigen Steigerung des Unternehmenserfolgs, Vieweg Verlag, Wiesbaden, 2. Aufl. 2006, S. 32 und *Bundesverband Informationswirtschaft, Telekommunikation und neue Medien e. V. (BITKOM) (Hrsg.)*, Terminologie Outsourcing - Vorschlag zur Vereinheitlichung von Begriffsinhalten im Outsourcing-Umfeld, 2008, http://www.bitkom.org/files/documents/leitfaden_outsourcing-terminologie.pdf (2011-01-05, 16:59 MEZ), S. 23.

[73] Vgl. *Bundesverband Informationswirtschaft, Telekommunikation und neue Medien e. V. (BITKOM) (Hrsg.)*, Terminologie Outsourcing - Vorschlag zur Vereinheitlichung von Begriffsinhalten im Outsourcing-Umfeld, 2008, http://www.bitkom.org/files/documents/leitfaden_outsourcing-terminologie.pdf (2011-01-05, 16:59 MEZ), S. 24.

[74] Vgl. *Bundesverband Informationswirtschaft, Telekommunikation und neue Medien e. V. (BITKOM) (Hrsg.)*, Terminologie Outsourcing - Vorschlag zur Vereinheitlichung von Begriffsinhalten im Outsourcing-Umfeld, 2008, http://www.bitkom.org/files/documents/leitfaden_outsourcing-terminologie.pdf (2011-01-05, 16:59 MEZ), S. 18 und *von Jouanne-Diedrich, Holger*, Die ephorie.de IT-Sourcing-Map v3.0 - Die Orientierungshilfe im stetig wachsenden Dschungel der Outsourcing-Konzepte, http://www.ephorie.de/it-sourcing-map.htm (2011-01-05, 17:08 MEZ).

[75] Vgl. *von Jouanne-Diedrich, Holger*, Die ephorie.de IT-Sourcing-Map v3.0 - Die Orientierungshilfe im stetig wachsenden Dschungel der Outsourcing-Konzepte, http://www.ephorie.de/it-sourcing-map.htm (2011-01-05, 17:08 MEZ).

- Nach dem Grad des externen Leistungsbezugs:
    - Totales Insourcing: Die Dienstleistung wird dabei vollständig im eigenen Unternehmen erbracht. Die Sourcing-Option ist hier die Private Cloud.
    - Selektives Sourcing: Laut von Jouanne-Diedrich spricht man von selektivem Sourcing, wenn ein Teil der Leistungen von einem externen Anbieter erbracht wird.[76] Dies kann auf die Community und die Hybrid Cloud zutreffen.
    - Totales Outsourcing: Dabei wird die gesamte IT eines Unternehmens an ein einen externen Anbieter übertragen und die Leistungen künftig von diesem erbracht.[77] Im Rahmen eines solchen Total Outsourcing wäre der Betrieb einer Outsourced Private oder Public Cloud möglich.
- Nach dem zeitlichen Aspekt:
    - Insourcing: Die Dienstleistung wird innerhalb eines Unternehmens oder einer Unternehmensgruppe selbst erbracht. Insourcing ist das Ergebnis eines Auswahlverfahrens, an dem sich auch externe Anbieter beteiligt haben.[78]
    - Outsourcing: Eine Dienstleistung wird für einen vertraglich festgelegten Zeitraum von einem externen Anbieter erbracht.
    - Backsourcing: Mit Backsourcing ist die Erstellung einer Leistung innerhalb eines Unternehmens gemeint, nachdem sie zuvor von einem externen Anbieter erbracht wurde.[79]
- Nach der Anzahl der Leistungsersteller:
    - Single Sourcing: Alle Leistungen werden von einem (internen oder externen) Anbieter erbracht.
    - Multi Sourcing: Die Leistungen werden von mehreren, eventuell spezialisierten, Dienstleistern erbracht. Möglich wäre hier die Form der Community oder der Hybrid Cloud.
- Nach Art der Cloud-Dienstleistung:
    - Infrastructure as a Service: Siehe Kapitel 3.

---

[76] Vgl. *von Jouanne-Diedrich, Holger*, Die ephorie.de IT-Sourcing-Map v3.0 - Die Orientierungshilfe im stetig wachsenden Dschungel der Outsourcing-Konzepte, http://www.ephorie.de/it-sourcing-map.htm (2011-01-05, 17:08 MEZ).

[77] Vgl. *Bundesverband Informationswirtschaft, Telekommunikation und neue Medien e. V. (BITKOM) (Hrsg.)*, Terminologie Outsourcing - Vorschlag zur Vereinheitlichung von Begriffsinhalten im Outsourcing-Umfeld, 2008, http://www.bitkom.org/files/documents/leitfaden_outsourcing-terminologie.pdf (2011-01-05, 16:59 MEZ), S. 36.

[78] Vgl. *von Jouanne-Diedrich, Holger*, Die ephorie.de IT-Sourcing-Map v3.0 - Die Orientierungshilfe im stetig wachsenden Dschungel der Outsourcing-Konzepte, http://www.ephorie.de/it-sourcing-map.htm (2011-01-05, 17:08 MEZ).

[79] Siehe *von Jouanne-Diedrich, Holger*, Die ephorie.de IT-Sourcing-Map v3.0 - Die Orientierungshilfe im stetig wachsenden Dschungel der Outsourcing-Konzepte, http://www.ephorie.de/it-sourcing-map.htm (2011-01-05, 17:08 MEZ) und *Bundesverband Informationswirtschaft, Telekommunikation und neue Medien e. V. (BITKOM) (Hrsg.)*, Terminologie Outsourcing - Vorschlag zur Vereinheitlichung von Begriffsinhalten im Outsourcing-Umfeld, 2008, http://www.bitkom.org/files/documents/leitfaden_outsourcing-terminologie.pdf (2011-01-05, 16:59 MEZ), S. 18.

- Platform as a Service: Siehe Kapitel 3.
- Software as a Service: Siehe Kapitel 3.

Diese verschiedenen Dimensionen und Sourcing-Optionen können der Abbildung von Anlage 3 entnommen werden.

Schlussbetrachtung

Cloud Computing ist ein innovatives Dienstleistungskonzept, dass Informationssysteme ermöglicht, die flexibler, kostengünstiger und leistungsfähiger als traditionelle Systeme sein können. Es ist allerdings nicht anzunehmen, dass in den nächsten Jahren traditionelle Informationssysteme weitgehend durch Public Cloud-Dienste ersetzt werden. In der Vergangenheit wurden etablierte Techniken, die in IT-Infrastrukturen zum Einsatz kamen, nicht komplett durch neue Techniken verdrängt. Vielmehr wurden die vorhandenen IT-Infrastrukturen durch neue Techniken ergänzt und viele alte Techniken sind in modernisierter Form noch heute im Einsatz. Auch stellen die Risiken und offenen Herausforderungen derzeit noch ein großes Hindernis für die Nutzung von Public Cloud Computing dar. Aus diesem Grund kann man davon ausgehen, dass viele Unternehmen vorerst ihre Informationssysteme noch nicht durch Public Cloud-Dienste ersetzen werden.

Weitere Informationen zu diesem Thema finden Sie in: „Cloud Computing: Betriebswirtschaftliche Aspekte bei der Einführung“ von Frederik Geier.
ISBN: 978-3-640-93373-0
http://www.grin.com/de/e-book/173090/

Literaturverzeichnis (inklusive weiterführender Literatur)

Bücher

Abts, Dietmar/Mülder, Wilhelm, Grundkurs Wirtschaftsinformatik: Eine kompakte und praxisorientierte Einführung, Vieweg+Teubner, Wiesbaden, 6. überarbeitete und erweiterte Auflage 2009

Alisch, Katrin/Arentzen, Ute/Winter, Eggert (Hrsg.), Gabler Wirtschaftslexikon, Gabler Verlag, Wiesbaden, 16. vollständig überarbeitete und aktualisierte Auflage 2004

Association for Computing Machinery (Hrsg.), Proceedings of the Joint ERCIM Workshop on Software Evolution (EVOL) and International Workshop on Principles of Software Evolution (IWPSE): IWPSE EVOL 2010, Association for Computing Machinery, New York, 1. Auflage 2010

Baun, Christian/Kunze, Marcel/Nimis, Jens/Tai, Stefan, Cloud Computing: Web-basierte dynamische IT-Services, Springer-Verlag, Berlin und Heidelberg, 1. Auflage 2010

Benlian, Alexander/Hess, Thomas/Buxmann, Peter (Hrsg.), Software-as-a-Service: Anbieterstrategien, Kundenbedürfnisse und Wertschöpfungsstrukturen, Gabler Verlag, Wiesbaden, 1. Auflage 2010

Chang, William Y./Abu-Amara, Hosame/Sanford, Jessica Feng, Transforming Enterprise Cloud Services, Springer-Verlag, Dordrecht, Heidelberg, London und New York, 1. Auflage 2010

Eberspächer, Jörg/von Reden, Wolf (Hrsg.), Green ICT: Sparsam rechnen und kommunizieren?, Münchner Kreis, München, 1. Auflage 2008

Goldworm, Barb/Skamarock, Anne, Blade Servers and Virtualization: Transforming Enterprise Computing while Cutting Costs, Wiley Publishing, Indianapolis, 1. Aufl. 2007

Götze, Uwe, Investitionsrechnung: Modelle und Analysen zur Beurteilung von Investitionsvorhaben, Springer-Verlag, Berlin und Heidelberg, 6. durchgesehene und aktualisierte Auflage 2008

Herzwurm, Georg/Mikusz, Martin (Hrsg.), Industrialisierung des Software-Managements: Fachtagung des GI-Fachausschusses Management der Anwendungsentwicklung und -wartung im Fachbereich Wirtschaftsinformatik (WI-MAW) 12. - 14. November 2008 in Stuttgart, Gesellschaft für Informatik, Bonn, 1. Auflage 2008

Hodel, Marcus/Berger, Alexander/Risi, Peter, Outsourcing realisieren: Vorgehen für IT und Geschäftsprozesse zur nachhaltigen Steigerung des Unternehmenserfolgs, Vieweg Verlag, Wiesbaden, 2. verbesserte und erweiterte Auflage 2006

IEEE (Hrsg.), The 10th IEEE International Conference on High Performance Computing and Communications, IEEE, Los Alamitos, Piscataway und Tokyo, 1. Auflage 2008

Jaatun, Martin Gilje/Zhao, Gansen/Rong, Chunming (Hrsg.), Cloud Computing: First International Conference, CloudCom 2009 Beijing, China, December 2009 Proceedings, Springer-Verlag, Berlin und Heidelberg, 1. Auflage 2009

Keuper, Frank/Wagner, Bernd/Wysuwa, Hans-Dieter (Hrsg.), Managed Services: IT-Sourcing der nächsten Generation, Gabler, Wiesbaden, 1. Auflage 2009

Klimmer, Matthias, Unternehmensorganisation: Eine kompakte und praxisnahe Einführung, Verlag Neue Wirtschafts-Briefe, Herne, 2. Auflage 2009

Krcmar, Helmut, Informationsmanagement, Springer-Verlag, Berlin und Heidelberg, 5. Auflage 2010

Laudon, Kenneth C./Laudon, Jane P./Schoder, Detlef, Wirtschaftsinformatik: Eine Einführung, Pearson Studium, München, 2. Auflage 2010

Osterloh, Margit/Frost, Jetta, Prozessmanagement als Kernkompetenz: Wie Sie Business Reengineering strategisch nutzen können, Gabler Verlag, Wiesbaden, 5. überarbeitete Auflage 2006

Schierenbeck, Henner, Grundzüge der Betriebswirtschaftslehre, R. Oldenbourg Verlag, München und Wien, 15. überarbeitete und erweiterte Auflage 2000

Smith, James E./Nair, Ravi, Virtual Machines: Versatile platforms for systems and processes, Morgan Kaufmann Publishers, San Francisco, 1. Auflage 2005

Sommerville, Ian, Software Engineering, Pearson Studium, München, 8. aktualisierte Auflage 2007

Stahlknecht, Peter/Hasenkamp, Ullrich, Einführung in die Wirtschaftsinformatik, Springer, Berlin und Heidelberg, 11. Auflage 2005

Stanovska-Slabeva, Katarina/Wozniak, Thomas/Ristol, Santi (Hrsg.), Grid and Cloud Computing: A Business Perspective on Technology and Applications, Springer-Verlag, Berlin und Heidelberg, 1. Auflage 2010

Wallmüller, Ernest, Software-Qualitätsmanagement in der Praxis: Software-Qualität durch Führung und Verbesserung von Software-Prozessen, Carl Hanser Verlag, München und Wien, 2. völlig überarbeitete Auflage 2001

Weinhardt, Christof/Luckner, Stefan/Stößer, Jochen (Hrsg.), Designing E-Business Systems. Markets, Services, and Networks, Springer-Verlag, Berlin und Heidelberg, 1. Auflage 2009

Yurcik, William/Brumbaugh, Larry/Zhou, Yuanyuan (Hrsg.), StorageSS'05: Proceedings of the 2005 ACM Workshop on Storage Security and Survivability, Association for Computing Machinery, New York, 1. Auflage 2005

Zarnekow, Rüdiger/Brenner, Walter/Grohmann, Helmut H. (Hrsg.), Informationsmanagement: Konzepte und Strategien für die Praxis, dpunkt.verlag, Heidelberg, 1. Auflage 2004

Zollondz, Hans-Dieter, Grundlagen Qualitätsmanagement: Einführung in Geschichte, Begriffe, Systeme und Konzepte, R. Oldenbourg Verlag, München und Wien, 2. vollständig überarbeitete und erweiterte Auflage 2006

Internet

Armbrust, Michael/Fox, Armando/Griffith, Rean/Joseph, Anthony D./Katz, Randy Konwinski, Andy/Lee, Gunho/Patterson, Gunho/Rabkin, Ariel/Stoica, Ion/Zaharia, Matei, Above the Clouds: A Berkeley View of Cloud Computing, Februar 2009, http://www.eecs.berkeley.edu/Pubs/TechRpts/2009/EECS-2009-28.pdf (2011-02-06, 18:28 MEZ)

Bogatin, Donna, Google CEO's new paradigm: 'cloud computing and advertising go hand-in-hand', August 2006, http://www.zdnet.com/blog/micro-markets/google-ceos-new-paradigm-cloud-computing-and-advertising-go-hand-in-hand/369 (2011-02-09, 11:43 MEZ)

Bundesamt für Sicherheit in der Informationstechnik (Hrsg.), BSI-Mindestsicherheitsanforderungen an Cloud-Computing-Anbieter, September 2010, https://www.bsi.bund.de/SharedDocs/Downloads/DE/BSI/Publikationen/Sonstige/Cloud_Computing_MiMindestsicherheitsanforderung.pdf?__blob=publicationFile#download=1 (2011-01-18, 11:15 MEZ)

Bundesministerium für Wirtschaft und Technologie (BMWi) (Hrsg.), Aktionsprogramm Cloud Computing: Eine Allianz aus Wirtschaft, Wissenschaft und Politik, Oktober 2010, http://www.bmwi.de/BMWi/Redaktion/PDF/Publikationen/Technologie-und-Innovation/aktionsprogramm-cloud-computing,property=pdf,bereich=bmwi,sprache=de,rwb=true.pdf (2010-11-19, 16:51 MEZ)

Bundesrechnungshof (Hrsg), Leitsätze für die Prüfung von IuK-Outsourcing, ohne Datum, http://bundesrechnungshof.de/veroeffentlichungen/broschuere/dateien/leitsaetze_iuk_outsourcing.pdf (2011-02-19, 17:25 MEZ)

Bundesverband Informationswirtschaft, Telekommunikation und neue Medien e. V. (BITKOM) (Hrsg.), Cloud Computing - Evolution in der Technik, Revolution im Business, Oktober 2009, http://www.bitkom.org/files/documents/BITKOM-Leitfaden-CloudComputing_Web.pdf (2010-07-24, 11:26 MEZ)

Bundesverband Informationswirtschaft, Telekommunikation und neue Medien e. V. (BITKOM) (Hrsg.), Terminologie Outsourcing - Vorschlag zur Vereinheitlichung von Begriffsinhalten im Outsourcing-Umfeld, 2008, http://www.bitkom.org/files/documents/leitfaden_outsourcing-terminologie.pdf (2011-01-05, 16:59 MEZ)

Catteddu, Daniele (Hrsg.), Security & Resilience in Governmental Clouds - Making an informed decision, Januar 2011, http://www.enisa.europa.eu/act/rm/emerging-and-future-risk/deliverables/security-and-resilience-in-governmental-clouds/at_download/fullReport (2011-01-17, 10:30 MEZ)

Deutsche Messe AG (Hrsg.), Top-Thema der CeBIT 2011: "Work and Life with the Cloud", ohne Datum, http://www.cebit.de/de/ueber-die-messe/daten-und-fakten/die-cebit-2011/cloud-computing-top-thema (2011-03-05, 15:19 MEZ)

Fenn, Jackie, Hype Cycle - for Emerging Technologies, 2010, August 2010, http://www.gartnerinsight.com/download/HypeCycle_EmergingTechnologies2010.pdf (2011-01-31, 10:04 MEZ)

Fenn, Jackie/Gammage, Brian/Raskino, Mark, Gartner's Hype Cycle Special Report for 2010, August 2010, http://www.gartner.com/resources/205800/205839/gartners_hype_cycle_special__205839.pdf (2010-11-04, 11:05 MEZ)

Gabler Verlag (Hrsg.), Gabler Wirtschaftslexikon, Stichwort: Business Continuity, Version 5, http://wirtschaftslexikon.gabler.de/Definition/business-continuity.html (2011-02-22, 11:53 MEZ)

Gartner, Inc. (Hrsg.), Gartner Says Contrasting Views on Cloud Computing Are Creating Confusion, September 2008, http://www.gartner.com/it/page.jsp?id=766215 (2011-02-06, 18:04 MEZ)

Gartner, Inc, Gartner Says Worldwide Cloud Services Market to Surpass $68 Billion in 2010, Juni 2010, http://www.gartner.com/it/page.jsp?id=1389313 (2010-08-17, 15:31 MEZ)

Gens, Frank, Defining "Cloud Services" and "Cloud Computing", September 2008, http://blogs.idc.com/ie/?p=190 (2011-02-06, 17:48 MEZ)

Haas, Hugo/Brown, Allen, Web Services Glossary, Februar 2004, http://www.w3.org/TR/2004/NOTE-ws-gloss-20040211/ (2011-02-10, 11:33 MEZ)

Harms, Rolf/Yamartino, Michael, The Economics of the Cloud, November 2010, http://download.microsoft.com/download/1/6/9/16912B00-9E9C-4CF9-8DFE-B368BD2B39E0/Enterprise_Cloud_Economics.pdf (2010-11-17, 16:39 MEZ)

Hewlett-Packard Development Company L.P., What is a Blade - BladeSystem?, http://h18004.www1.hp.com/products/blades/info/what-is-a-blade.html (2010-07-29, 11:22 MEZ)

Internet Systems Consortium (Hrsg.), Internet host count history: Number of Internet Hosts, https://www.isc.org/solutions/survey/history (2010-07-27, 12:16 MEZ)

Knermann, Christian/Hiebel, Markus/Pflaum, Hartmut/Rettweiler, Manuela/Schröder, Andreas, Studie: Ökologischer Vergleich der Klimarelevanz von PC und Thin Client Arbeitsplatzgeräten 2008, April 2008, http://it.umsicht.fraunhofer.de/TCecology/docs/TCecology2008_de.pdf (2010-07-23, 17:35 MEZ)

Knöchling, Christoph/Knermann, Christian, PC vs Thin Client: Wirtschaftlichkeitsbetrachtung, Februar 2008, http://cc-asp.fraunhofer.de/docs/PCvsTC-de.pdf (2010-07-23, 17:26 MEZ)

Kurzlechner, Werner, Belastbare ROI-Szenarien fehlen noch: Cloud Computing sucht CFOs, Juli 2010, http://www.cio.de/_misc/article/printoverview/index.cfm?pid=451&pk=2240334&op=prnt (2010-07-19, 11:59 MEZ)

Mell, Peter/Grace, Tim, The NIST Definition of Cloud Computing, Version 15, Juli 2010, http://csrc.nist.gov/groups/SNS/cloud-computing/cloud-def-v15.doc (2010-07-13, 11:29 MEZ)

Microsoft Corporation, Microsoft System Center Virtual Machine Manger 2008 R2, 2009, http://download.microsoft.com/download/A/8/1/A8170460-29E4-4DFC-AF4D-065B7E5150C6/Datenblatt_VMM_2008_R2_de.pdf (2010-08-03, 12:55 MEZ)

Red Hat, Inc., Virtual Machine Manager, http://virt-manager.org/ (2010-08-03, 13:09 MEZ)

Shields, Greg, Der schnelle Weg zur Wahl der richtigen Virtualisierungslösung, http://www.parallels.com/r/pdfs/vz/ebook/SGSRVS-DE.pdf (2010-08-03, 17:20 MEZ)

T-Systems Enterprise Services GmbH (Hrsg.), White Paper Cloud Computing I. Alternative Sourcing-Strategie für Unternehmens-ICT., http://download.sczm.t-systems.de/ContentPool/de/StaticPage/61/17/50/611750_WhitePaper_Cloud-Computing-I-ps.pdf?client=t-systems.de (2011-01-25, 16:04 MEZ)

U.S. Environmental Protection Agency ENERGY STAR Program, Report to Congress on Server and Data Center Energy Efficiency: Public Law 109-431, 2.August 2007, http://www.energystar.gov/ia/partners/prod_development/downloads/EPA_Datacenter_Report_Congress_Final1.pdf (2010-08-11, 10:48 MEZ)

von Jouanne-Diedrich, Holger, Die ephorie.de IT-Sourcing-Map v3.0 - Die Orientierungshilfe im stetig wachsenden Dschungel der Outsourcing-Konzepte, http://www.ephorie.de/it-sourcing-map.htm (2011-01-05, 17:08 MEZ)

Weiner, Nico, Geschäftsmodelle im Internet der Dienste: Trends und Entwicklungen auf dem deutschen IT-Markt, http://s3.amazonaws.com/ppt-download/geschaeftsmodelleiminternetderdienste-trendsundentw-100721021447-phpapp01.pdf?Signature=Ys%2FH8lxNxPZq9Zb30CPYm6Gx3Ks%3D&Expires=1279794301&AWSAccessKeyId=AKIAJLJT267DEGKZDHEQ (2010-07-20, 12:23 MEZ)

Fachzeitschriften

Benlian, Alexander/Hess, Thomas/Wigand, Rolf T., SaaS und Servicequalität – werden die Kundenerwartungen erfüllt?, in: Wirtschaftsinformatik & Management, Band 2, November 2010, Heft 6, S. 18-25

Böhm, Markus/Herzog, Andreas/Riedl, Christoph/Leimeister, Stefanie/Krcmar, Helmut, Cloud Computing als Treiber der IT-Industrialisierung? Ein Vergleich mit der Automobilbranche, in: Information Management & Consulting, Band 25, 2010, Heft 4, S. 46-54

Böhm, Markus/Leimeister, Stefanie/Riedl, Christoph/Krcmar, Helmut, Cloud Computing: Outsourcing 2.0 oder ein neues Geschäftsmodell zur Bereitstellung von IT-Ressourcen?, in: Information Management & Consulting, Band 24, 2009, Heft 2, S. 6-14

Creeger, Mache, Cloud Computing: An Overview, Queue - Distributed Computing, Band 7, Juni 2009, Heft 5, Artikel 2, S. 1-5.

Eddolls, Trevor, life begins at 45, in: Engineering & Technology, Band 4, 21.November - 4.Dezember 2009, Heft 20, S. 58-59

Gesellschaft für Informatik e.V. (GI), GI stellt zehn Thesen zu Sicherheit und Datenschutz in Cloud Computing vor (1. Dezember 2010), in: Informatik Spektrum, Band 34, Februar 2011, Heft 1, S. 111-112

Hanschke, Inge, Services aus Geschäftsanforderungen ableiten, in: Wirtschaftsinformatik & Management, Band 2, November 2010, Heft 6, S. 50-54

Henneberger, Matthias/Strebel, Jörg/Garzotto, Fabio, Ein Entscheidungsmodell für den Einsatz von Cloud Computing im Unternehmen, in: HMD - Praxis der Wirtschaftsinformatik, Oktober 2010, Heft 275, S. 76-84

Moore, Gordon E., Cramming More Components onto Integrated Circuits, in: Electronics, Band 38, 19. April 1965, Heft 8

Ripper, Jörg, E-Mail-Archivierung: Revisionssicher ist nicht gleich rechtskonform!, in: Wirtschaftsinformatik & Management, Band 2, November 2010, Heft 6, S. 44-49

Sotomayor, Borja/Montero, Rubén S./Llorente, Ignacio M./Foster, Ian, Virtual Infrastructure Management in Private and Hybrid Clouds, in: IEEE Internet Computing, Band 3, September und Oktober 2009, Heft 5, S. 14-22

Van Cleeff, André/Pieters, Wolter/Wieringa, Roel, Security Implications of Virtualization: A Literature Study, in: 2009 International Conference on Computational Science and Engineering, 3. Band, Oktober 2009, Heft 4, S. 353-358

Vaquero, Luis M./Rodero-Merino, Luis/Caceres, Juan/Lindner, Maik, A Break in the Clouds: Towards a Cloud Definition, in: ACM SIGCOMM Computer Communication Review, Band 39, Januar 2009, Heft 1, S. 50-55

Vogels, Werner, Beyond Server Consolidation, in: Queue, Band 6, Januar/Februar 2008, Heft 1, S. 20-26

von Jouanne-Diedrich, Holger/Zarnekow, Rüdiger/Brenner, Walter, Industrialisierung des IT-Sourcings, in: HMD - Praxis der Wirtschaftsinformatik, Oktober 2005, Heft 245, S. 18-27

Walter, Sven Markus/Böhmann, Tilo/Krcmar, Helmut, Industrialisierung der IT – Grundlagen, Merkmale und Ausprägungen eines Trends, in: HMD - Praxis der Wirtschaftsinformatik, August 2007, Heft 256, S. 6-16

Anlagen

Anlage 1: Ausgewählte Definitionen von Cloud Computing

Quelle	Definition
ACM CTO Roundtables[80] Stand: 2009	Das Ziel von Cloud Computing ist es Dienstleistungen, Computerdienste und/oder Daten – für Kosten- und Unternehmensvorteile – an eine interne oder externe, Standortunabhängigen, zentralen Ort oder Vertragspartner auszulagern. Dadurch das man die Daten in der Cloud verfügbar macht, kann auf sie einfach und allgegenwärtig zugegriffen werden und dass zu häufig niedrigeren Kosten, indem man ihren Wert durch die Möglichkeiten der zusätzlichen Zusammenarbeit, Integration und Analyse einer aufgeteilten gemeinsamen Plattform erhöht. Cloud Computing kann in die drei Bereiche Software-as-a-Service, Platform-as-a-Service und Infrastructure-as-a-Service unterteilt werden. Zu den ermöglichenden Faktoren gehört unter anderem die kommerzielle Virtualisierung. Darüber hinaus werden die folgenden Merkmale genannt: Flexibilität, einfache Skalierbarkeit, IT-Infrastruktur-Dienste in Selbstbedienung und höhere Automation.
Baun et al.[81] Stand: 2010	„Unter Ausnutzung virtualisierter Rechen- und Speicherressourcen und moderner Web-Technologien stellt Cloud Computing skalierbare, netzwerk-zentrierte, abstrahierte IT-Infrastrukturen, Plattformen und Anwendungen als on-demand Dienste zur Verfügung. Die Abrechnung dieser Dienste erfolgt nutzungsabhängig.“
BITKOM[82] Stand: 2009	„Cloud Computing ist eine Form der bedarfsgerechten und flexiblen Nutzung von IT-Leistungen. Diese werden in Echtzeit als Service über das Internet bereitgestellt und nach Nutzung abgerechnet. Damit ermöglicht Cloud Computing den Nutzern eine Umverteilung von Investitions- zu Betriebsaufwand. Die IT-Leistungen können sich auf • Anwendungen, • Plattformen für Anwendungsentwicklungen und -betrieb, • Basisinfrastruktur beziehen.“
Böhm et al. [83] Stand: 2009	„Cloud Computing ist ein auf Virtualisierung basierendes IT-Bereitstellungsmodell, bei dem Ressourcen sowohl in Form von Infrastruktur als auch Anwendungen und Daten als verteilter Dienst über das Internet durch einen oder mehrere Leistungserbringer bereitgestellt wird. Diese Dienste sind nach Bedarf flexibel skalierbar und können verbrauchsabhängig abgerechnet werden.“

---

[80] Vgl. *Creeger, Mache*, Cloud Computing: An Overview, Queue - Distributed Computing, Band 7, Juni 2009, Heft 5, Artikel 2, S. 1-3.

[81] Vgl. *Baun, Christian/Kunze, Marcel/Nimis, Jens/Tai, Stefan*, Cloud Computing: Web-basierte dynamische IT-Services, Springer-Verlag, Berlin und Heidelberg, 1. Auflage 2010, S. 4.

[82] Vgl. *Bundesverband Informationswirtschaft, Telekommunikation und neue Medien e. V. (BITKOM) (Hrsg.)*, Cloud Computing - Evolution in der Technik, Revolution im Business, Oktober 2009, http://www.bitkom.org/files/documents/BITKOM-Leitfaden-CloudComputing_Web.pdf (2010-07-24, 11:26 MEZ), S. 14.

[83] Vgl. *Böhm, Markus/Leimeister, Stefanie/Riedl, Christoph/Krcmar, Helmut*, Cloud Computing: Outsourcing 2.0 oder ein neues Geschäftsmodell zur Bereitstellung von IT-Ressourcen?, in: Information Management & Consulting, Band 24, 2009, Heft 2, S. 8.

Quelle	Definition
BSI[84] Stand: 2010	„Cloud Computing ist ein IT-Angebot, das es ermöglicht, eine oder mehrere IT-Dienstleistungen wie Rechenleistung, Hintergrundspeicher, Entwicklungsumgebungen, Anwendungssoftware oder sogar komplette Arbeitsumgebungen jederzeit, netzbasiert, schnell und dem tatsächlichen Bedarf angepasst sowie nach tatsächlicher Nutzung abrechenbar zu beziehen."
Bundesministerium für Wirtschaft und Technologie[85] Stand: 2010	„Cloud Computing beschreibt ein neues Computing-Paradigma, nach dem Ressourcen der Informationstechnik (IT) wie Rechenleistung, Speicher, Applikationen und Daten dynamisch über das Internet bereitgestellt, verwaltet und abgerechnet werden."
Buyya et al.[86] Stand: 2008	Eine Cloud ist eine Art von parallelen und angebotenen Systemen, die aus einer Ansammlung von verbundenen und virtualisierten Computern besteht, die dynamisch bereitgestellt und als eine oder mehrere einheitliche Computer-Ressourcen dargestellt werden, basierend auf SLAs, welche durch Verhandlungen zwischen dem Dienstleister und den Kunden entstanden sind.
Gartner[87] Stand: 2008	Cloud Computing ist eine Art der Datenverarbeitung, bei der viele externe Kunden, über Internettechnologien mit umfangreichen skalierbaren IT-Dienstleistungen versorgt werden.
IDC[88] Stand: 2008	Ein entstehendes Modell für IT-Entwicklung, -Betrieb und -Bezug, das es ermöglicht in Echtzeit Produkte, Dienstleistungen und Lösungen (z.B. Cloud-Dienstleistungen) über das Internet zu beziehen. Cloud Computing besteht aus einer wachsenden Anzahl von IT-Angeboten, die Cloud-Dienstleistungen ermöglichen. Ein unvollständige Liste beinhaltet: • Infrastruktur-Systeme (z.B. Server, Speicher, Netzwerke) • Anwendungssoftware • Entwicklungsumgebungen und -plattformen • System- und Anwendungs-Verwaltungs-Software • IP-Netzwerke
Laudon et al.[89] Stand: 2010	„Cloud Computing beschreibt die Möglichkeit, Softwaredienste über das Internet anzufragen. Vormals im Unternehmen betriebene Lösungen können mittels Cloud Computing von externen Anbietern über das Internet bezogen werden."

[84] Vgl. *Bundesamt für Sicherheit in der Informationstechnik (Hrsg.)*, BSI-Mindestsicherheitsanforderungen an Cloud-Computing-Anbieter, September 2010, https://www.bsi.bund.de/SharedDocs/Downloads/DE/BSI/Publikationen/Sonstige/Cloud_Computing_MiMindestsicherheitsanforderung.pdf?__blob=publicationFile#download=1 (2011-01-18, 11:15 MEZ), S. 4 (im Original teilweise mit Listenzeichen).

[85] Vgl. *Bundesministerium für Wirtschaft und Technologie (BMWi) (Hrsg.)*, Aktionsprogramm Cloud Computing: Eine Allianz aus Wirtschaft, Wissenschaft und Politik, Oktober 2010, http://www.bmwi.de/BMWi/Redaktion/PDF/Publikationen/Technologie-und-Innovation/aktionsprogramm-cloud-computing,property=pdf,bereich=bmwi,sprache=de,rwb=true.pdf (2010-11-19, 16:51 MEZ), S. 8.

[86] Vgl. *Buyya, Rajkumar/Yeo, Chee Shin/Venugopal, Srikumar*, Market-Oriented Cloud Computing: Vision, Hype, and Reality for Delivering IT Services as Computing Utilities, in: *IEEE (Hrsg.)*, The 10th IEEE International Conference on High Performance Computing and Communications, IEEE, Los Alamitos, 1. Aufl. 2008, S. 6.

[87] Vgl. *Gartner, Inc. (Hrsg.)*, Gartner Says Contrasting Views on Cloud Computing Are Creating Confusion, September 2008, http://www.gartner.com/it/page.jsp?id=766215 (2011-02-06, 18:04 MEZ).

[88] Vgl. *Gens, Frank*, Defining "Cloud Services" and "Cloud Computing", September 2008, http://blogs.idc.com/ie/?p=190 (2011-02-06, 17:48 MEZ).

[89] Vgl. *Laudon, Kenneth C./Laudon, Jane P./Schoder, Detlef*, Wirtschaftsinformatik: Eine Einführung, Pearson Studium, München, 2. Aufl. 2010, S. 218.

Quelle	Definition
NIST[90] Stand: 2010	Cloud Computing ist ein Modell, über das bei Bedarf und über ein Netzwerk auf einen Pool von konfigurierbaren IT-Ressourcen (Hardware, Software und Dienstleistungen) zugegriffen werden kann. Diese Ressourcen können schnell und mit geringem Aufwand bereitgestellt oder wieder freigegeben werden. Dieses Cloud-Modell unterstützt die Verfügbarkeit der Ressourcen und besteht aus fünf wesentlichen Charakteristiken (bedarfsorientierte Selbstbedienung, Zugänge zum Breitbandnetz, virtuelle Ressourcen, flexible Möglichkeit zusätzliche Ressourcen zu buchen und verbrauchsabhängige Dienstleistungen), drei Dienstleistungsmodellen (Software as a Service, Platform as a Service und Infrastructure as a Service) und vier Verwendungsmodelle (Private Cloud, Community Cloud, Public Cloud und Hybrid Cloud).
Stanoevska-Slabeva et al.[91] Stand: 2010	• Cloud Computing ist ein neues Konzept der IT. • Ressourcen der Infrastruktur (Hardware und Betriebssysteme) und Anwendungen werden als Dienstleistung (X as a Service) angeboten. Werden diese Leistungen von einem anderen Unternehmen angeboten, dann werden sie abhängig vom Verbrauch abgerechnet. • Die Hauptmerkmale von Clouds sind Virtualisierung und die flexible Anpassbarkeit, die sich nach dem Bedarf richtet. • Ressourcen der Infrastruktur (Infrastructure as a Service) und Anwendungen (Software as a Service) werden zusammen angeboten, auch wenn die Infrastruktur gesondert bezogen wird. • Cloud-Dienstleistungen werden entweder über einen Webbrowser oder über eine Programmierschnittstelle verwendet.
T-Systems[92] Stand: unbekannt	„Wir verstehen unter Cloud Computing die Miete von Infrastruktur und Software sowie Bandbreiten zu definierten Service-Konditionen. Diese Komponenten sollten täglich an den Kundenbedarf angepasst und mit höchster Verfügbarkeit und Sicherheit angeboten werden können. Ebenfalls Bestandteile dieses Cloud Computing sind End-2-End Service Level Agreements (SLAs) und verbrauchsabhängige Leistungsabrechnungen.“

---

[90] Vgl. *Mell, Peter/Grace, Tim*, The NIST Definition of Cloud Computing, Version 15, Juli 2010, Definition of Cloud Computing, http://csrc.nist.gov/groups/SNS/cloud-computing/cloud-def-v15.doc (2010-07-13, 11:29 MEZ), S.1-2.

[91] Vgl. *Stanovska-Slabeva, Katarina/Wozniak, Thomas*, Cloud Basics – An Introduction to Cloud Computing, in: *Stanovska-Slabeva, Katarina/Wozniak, Thomas/Ristol, Santi (Hrsg.)*, Grid and Cloud Computing: A Business Perspective on Technology and Applications, Springer-Verlag, Berlin und Heidelberg, 1. Aufl. 2010, S. 50.

[92] Vgl. *T-Systems Enterprise Services GmbH (Hrsg.)*, White Paper Cloud Computing I. Alternative Sourcing-Strategie für Unternehmens-ICT., http://download.sczm.t-systems.de/ContentPool/de/StaticPage/61/17/50/611750_WhitePaper_Cloud-Computing-I-ps.pdf?client=t-systems.de (2011-01-25, 16:04 MEZ), S. 5.

Quelle	Definition
UC Berkeley Reliable Adaptive Distributed Systems Laboratory[93] Stand: 2009	Cloud Computing bezieht sich sowohl darauf Anwendungen als Dienstleistung über das Internet zu liefern, als auch auf Hardware und Betriebssysteme in Rechenzentren, welche diese Dienstleistungen ermöglichen. Diese Dienstleistungen wurden lange Software as a Service (SaaS) genannt. Die Hardware eines Rechenzentrums wird von uns als Cloud bezeichnet werden. Wenn eine Cloud der Allgemeinheit in einer nutzungsabhängigen Bezahlform zur Verfügung gestellt wird nennen wie sie Pubic Cloud, die Dienstleistung selbst nennen wir Utility Computing. Wir nutzen den Begriff Private Cloud für interne Rechenzentren eines Unternehmens oder einer Organisation, die für die Allgemeinheit nicht zugänglich gemacht wurden. Folglich ist Cloud Computing die Summe von SaaS und Utility Computing, aber beinhaltet nicht Private Clouds.
Vaquero et al.[94] Stand: 2009	Clouds sind eine große Ansammlung von einfach zu nutzenden und zu erreichenden virtualisierten Ressourcen (wie z.B. Hardware, Entwicklungsplattformen und/oder Dienstleistungen). Diese Ressourcen können dynamisch konfiguriert und an unterschiedliche Auslastungen angepasst werden, um eine optimale Nutzung der Ressourcen zu ermöglichen. Clouds werden üblicherweise als nutzungsabhängige Bezahlung, bei welchen der Infrastruktur-Anbieter Garantien in Form von individuellen SLAs übernimmt, angeboten

[93] Vgl. *Armbrust, Michael/Fox, Armando/Griffith, Rean/Joseph, Anthony D./Katz, Randy Konwinski, Andy/Lee, Gunho/Patterson, Gunho/Rabkin, Ariel/Stoica, Ion/Zaharia, Matei*, Above the Clouds: A Berkeley View of Cloud Computing, Februar 2009, http://www.eecs.berkeley.edu/Pubs/TechRpts/2009/EECS-2009-28.pdf (2011-02-06, 18:28 MEZ), S. 1.

[94] Vgl. *Vaquero, Luis M./Rodero-Merino, Luis/Caceres, Juan/Lindner, Maik*, A Break in the Clouds: Towards a Cloud Definition, in: ACM SIGCOMM Computer Communication Review, Band 39, Januar 2009, Heft 1, S. 51.

Anlage 2: Auswertung verschiedener Definitionen nach den Nennungen der wichtigsten Merkmale

Quelle	Dienstleistung	Bedarfsgerechte Dienstleistungen	Leistungen flexibel / dynamisch Anpassbar	Verbrauchsabhängige Abrechnung	Service Level Agreement (SLA)	Infrastruktur	Entwicklungsplattform	Software / Anwendungen	Virtualisierung	Bezug über Internet oder Netzwerk	Bezug ausschließlich über Internet / Outsourcingnehmer
ACM CTO Roundtables[95]	x	x	x			x	x	x	x		
Baun et al.[96]	x	x		x		x	x	x	x	x	
BITKOM[97]	x	x	x	x		x	x	x		x	x
Böhm et al.[98]	x	x	x	x		x		x	x	x	x
BSI[99]	x	x		x		x	x	x		x	
Bundesministerium für Wirtschaft und Technologie[100]		x	x	x				x		x	
Buyya et al.[101]	x	x	x		x				x		
Gartner[102]	x	x								x	x
IDC[103]	x					x	x	x		x	x

---

95 Siehe *Creeger, Mache*, Cloud Computing: An Overview, Queue - Distributed Computing, Band 7, Juni 2009, Heft 5, Artikel 2, S. 1-3.

96 Siehe *Baun, Christian/Kunze, Marcel/Nimis, Jens/Tai, Stefan*, Cloud Computing: Web-basierte dynamische IT-Services, Springer-Verlag, Berlin und Heidelberg, 1. Auflage 2010, S. 4.

97 Siehe *Bundesverband Informationswirtschaft, Telekommunikation und neue Medien e. V. (BITKOM) (Hrsg.)*, Cloud Computing - Evolution in der Technik, Revolution im Business, Oktober 2009, http://www.bitkom.org/files/documents/BITKOM-Leitfaden-CloudComputing_Web.pdf (2010-07-24, 11:26 MEZ), S. 14.

98 Siehe *Böhm, Markus/Leimeister, Stefanie/Riedl, Christoph/Krcmar, Helmut*, Cloud Computing: Outsourcing 2.0 oder ein neues Geschäftsmodell zur Bereitstellung von IT-Ressourcen?, in: Information Management & Consulting, Band 24, 2009, Heft 2, S. 8.

99 Siehe *Bundesamt für Sicherheit in der Informationstechnik (Hrsg.)*, BSI-Mindestsicherheitsanforderungen an Cloud-Computing-Anbieter, September 2010, https://www.bsi.bund.de/SharedDocs/Downloads/DE/BSI/Publikationen/Sonstige/Cloud_Computing_MiMindestsicherheitsanforderung.pdf?__blob=publicationFile#download=1 (2011-01-18, 11:15 MEZ), S. 4 (im Original teilweise mit Listenzeichen).

100 Siehe *Bundesministerium für Wirtschaft und Technologie (BMWi) (Hrsg.)*, Aktionsprogramm Cloud Computing: Eine Allianz aus Wirtschaft, Wissenschaft und Politik, Oktober 2010, http://www.bmwi.de/BMWi/Redaktion/PDF/Publikationen/Technologie-und-Innovation/aktionsprogramm-cloud-computing,property=pdf,bereich=bmwi,sprache=de,rwb=true.pdf (2010-11-19, 16:51 MEZ), S. 8.

101 Siehe *Buyya, Rajkumar/Yeo, Chee Shin/Venugopal, Srikumar*, Market-Oriented Cloud Computing: Vision, Hype, and Reality for Delivering IT Services as Computing Utilities, in: *IEEE (Hrsg.)*, The 10th IEEE International Conference on High Performance Computing and Communications, IEEE, Los Alamitos, 1. Aufl. 2008, S. 6.

102 Siehe *Gartner, Inc. (Hrsg.)*, Gartner Says Contrasting Views on Cloud Computing Are Creating Confusion, September 2008, http://www.gartner.com/it/page.jsp?id=766215 (2011-02-06, 18:04 MEZ).

Quelle	Dienstleistung	Bedarfsgerechte Dienstleistungen	Leistungen flexibel / dynamisch Anpassbar	Verbrauchsabhängige Abrechnung	Service Level Agreement (SLA)	Infrastruktur	Entwicklungsplattform	Software / Anwendungen	Virtualisierung	Bezug über Internet oder Netzwerk	Bezug ausschließlich über Internet / Outsourcingnehmer
Laudon et al.[104]								x		x	x
NIST[105]		x	x	x		x	x	x	x	x	
Stanoevska-Slabeva et al.[106]	x	x	x	x		x		x	x		
T-Systems[107]		x		x	x	x		x			
UC Berkeley RAD Laboratory[108]	x			x				x			X
Vaquero et al.[109]	x	x	x		x	x	x		x		
Nennungen	11	12	8	9	3	10	7	12	7	9	6

[103] Siehe *Gens, Frank*, Defining "Cloud Services" and "Cloud Computing", September 2008, http://blogs.idc.com/ie/?p=190 (2011-02-06, 17:48 MEZ).

[104] Siehe *Laudon, Kenneth C./Laudon, Jane P./Schoder, Detlef*, Wirtschaftsinformatik: Eine Einführung, Pearson Studium, München, 2. Aufl. 2010, S. 218.

[105] Siehe *Mell, Peter/Grace, Tim*, The NIST Definition of Cloud Computing, Version 15, Juli 2010, Definition of Cloud Computing, http://csrc.nist.gov/groups/SNS/cloud-computing/cloud-def-v15.doc (2010-07-13, 11:29 MEZ).

[106] Siehe *Stanovska-Slabeva, Katarina/Wozniak, Thomas*, Cloud Basics – An Introduction to Cloud Computing, in: *Stanovska-Slabeva, Katarina/Wozniak, Thomas/Ristol, Santi (Hrsg.)*, Grid and Cloud Computing: A Business Perspective on Technology and Applications, Springer-Verlag, Berlin und Heidelberg, 1. Aufl. 2010, S. 50.

[107] Siehe *T-Systems Enterprise Services GmbH (Hrsg.)*, White Paper Cloud Computing I. Alternative Sourcing-Strategie für Unternehmens-ICT., http://download.sczm.t-systems.de/ContentPool/de/StaticPage/61/17/50/611750_WhitePaper_Cloud-Computing-I-ps.pdf?client=t-systems.de (2011-01-25, 16:04 MEZ), S. 5.

[108] Siehe *Armbrust, Michael/Fox, Armando/Griffith, Rean/Joseph, Anthony D./Katz, Randy Konwinski, Andy/Lee, Gunho/Patterson, Gunho/Rabkin, Ariel/Stoica, Ion/Zaharia, Matei*, Above the Clouds: A Berkeley View of Cloud Computing, Februar 2009, http://www.eecs.berkeley.edu/Pubs/TechRpts/2009/EECS-2009-28.pdf (2011-02-06, 18:28 MEZ), S. 1.

[109] Siehe *Vaquero, Luis M./Rodero-Merino, Luis/Caceres, Juan/Lindner, Maik*, A Break in the Clouds: Towards a Cloud Definition, in: ACM SIGCOMM Computer Communication Review, Band 39, Januar 2009, Heft 1, S. 51.

Anlage 3: Cloud Sourcing-Map. Gibt einen systematischen Überblick über die sechs Dimensionen des Cloud Sourcings.[110]

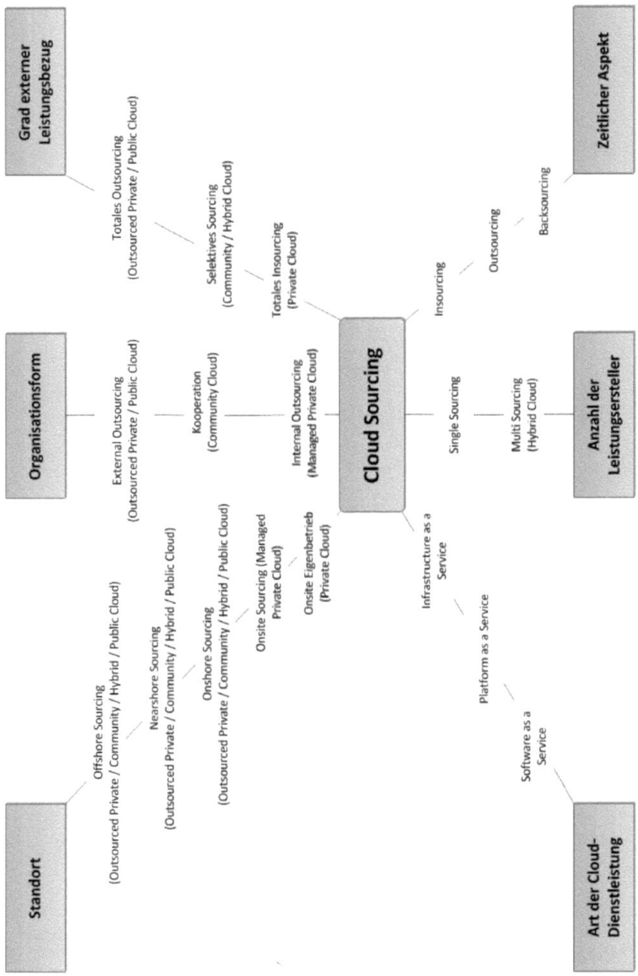

[110] Eigene Darstellung in Anlehnung an *von Jouanne-Diedrich, Holger*, Die ephorie.de IT-Sourcing-Map v3.0 - Die Orientierungshilfe im stetig wachsenden Dschungel der Outsourcing-Konzepte, http://www.ephorie.de/it-sourcing-map.htm (2011-01-05, 17:08 MEZ).